中国共产党延安时期史话

丛书主编　陈答才

延安时期
统一战线史话

第五册

张　琳　主编

陕西新華出版　陕西人民出版社

图书在版编目（CIP）数据

延安时期统一战线史话 / 张琳主编. -- 西安 : 陕西人民出版社, 2024. -- (中国共产党延安时期史话).
ISBN 978-7-224-15572-3

Ⅰ. D613

中国国家版本馆 CIP 数据核字第 2024UE7552 号

出 品 人： 赵小峰
总 策 划： 关　宁
出版统筹： 韩　琳
策划编辑： 王　倩
王　凌
责任编辑： 张启阳　田　媛
装帧设计： 白明娟

延安时期统一战线史话
YAN'AN SHIQI TONGYI ZHANXIAN SHIHUA

主　　编	张　琳
出版发行	陕西人民出版社 （西安市北大街 147 号　邮编：710003）
印　　刷	中煤地西安地图制印有限公司
开　　本	850 mm × 1168 mm　1/32
印　　张	6.5
字　　数	175 千字
版　　次	2024 年 12 月第 1 版
印　　次	2024 年 12 月第 1 次印刷
书　　号	ISBN 978-7-224-15572-3
定　　价	39.80 元

序言

任晓伟

现在，呈现在读者朋友们眼前的是由党史专家陈答才教授主编的一套关于延安时期中国共产党历史和理论的通俗性丛书。我参加了关于这套丛书内容的一些设计和讨论，因此非常希望在这套丛书付梓之际，和读者朋友们交流一下这套书的缘起和编写初衷。

延安时期是中国共产党百余年筚路蓝缕奋斗史上一个重大的关键阶段和关键时期。越是往前走，回头看这个时期，就越感觉这 13 年历史的厚重。作为中国共产党由小到大、由弱到强、由区域性执政向全国范围内执政的转折期，中国共产党延安时期创造性地正式形成了一个伟大的思想，即马克思列宁主义基本原理与中国革命具体实际相结合的产物——毛泽东思想；越来越自信地走出了一条全新的革命道路，即新民主主义革命道路；在弘扬伟大建党精神过程中，培育出了一个全新的精神形态，即延安精神；描绘出了一个伟大的梦想，即通过新民主主义向社会主义过渡，建设一个光明的中国并努力推动形成一个光明的世界。这四个方面的伟大成就，在客观上决定了延安时期不仅属于历史，也属于现实和未来，在中国共产党领导人民进行的中国革命史上具有恒久的意义。习近平总书记在庆祝中国共产党成立 100 周年大会上的重要讲话中指出："一百年来，中国共产党团结带领中国人民进行的一切奋斗、一切牺牲、一切创造，归结起来就是一个主题：实现中华民族伟大复兴。"放置在民族复兴的百年进程的整体背景中来看，延安时期也是一个熠熠生辉的阶段，是中国共产党领导人民重新确立民族自信和人类情怀，在推动民族复兴中取得重大历史成就并奠定了后来接续奋斗的重要历史基础。

自 1948 年 3 月中共中央离开陕北，至今已经 70 多年的时间了。在此后的发展中，不管是在什么样的发展阶段，处于什么样的发展时期，面对什么样的发展任务，说不完道不尽的延安时期是始终萦绕在中国共产党人头脑中的深刻历史记忆和强大精神感召。对于党史研究工作者来说，延安时期始终是一座学术富矿，对于陕西的党史研究工作者来说更是这样的。基于对延安时期重要意义的认识，长期以来我们利用学科、学术和区位优势，努力不断推动对延安时期党的历史和理论的学理性阐述和理论宣传，与时俱进地推动对延安时期的研究。

我们选择了六个角度——马克思主义理论文献、马克思主义中国化、党的建设、统一战线、重要会议、爱国主义，作为研究对象展开研究。应该说，这六个方面是贯穿于延安时期党的历史中的基本方面，长期以来构成了人们研究的重要对象。今天，在习近平总书记关于党史重要论述指导下，以通俗的方式对这些基本方面进行系统整理和学术呈现，对于整体上推动延安时期的研究也是一次有益的尝试。

这套丛书除了它的学术价值外，还有教学价值和宣传价值。这些年来，我们不断地推动将延安时期中国共产党的历史融入教学，特别是融入高校思想政治课教学的探索。一方面，在“四史”教学和党史教育中，不断加强对延安时期党史教学的重视，另一方面，在推动建设高校思想政治课选修课程中设置“党中央在延安十三年史”等新课程。在这个过程中，我们逐渐萌生了一个想法，就是如何能够编写出一套既有学理性又比较通俗的系列著作，这既是对教学效果的巩固，又奠定了进一步提高教学质量的基础，同时也能探索出一条集教学、学术和宣传一体化的关于延安时期党的历史和理论研究的新道路来。最早提出这一想法的是本丛书的负责人陈答才教授。这两年来，他不断地给我说明这一想法，希望我能够组织学院的力量完成这一看似简单却并不容易的事情，而且他多次主动请缨，愿意负责这套丛书的整体设计和后期修改完善的工作，体现出一个前辈所秉持的学术集体主义和团队精神以及通过学术传承来扶掖后学的深厚情怀。

哲学上说，只有认识了事物，才能真正地理解事物。确实是这样的。在陈答才教授的一再推动下，我也开始认识到这一工作的重要性，尤其是在负责学校党史教学开展过程中越来越感觉到这一工作的重要性。在大家达成共识的基础上，我们开始组织起来开展研究。经过一年多的努力，终于形成了目前的这套丛书。在这个过程中，我们对如何聚焦主题研究开展团队合作也有了新的更深刻的认识，对在新的理论条件下如何阐释延安时期党的光辉历史、理论创新和延安精神，也有了更多更深入的把握。在这个意义上，这套丛书也是对如何讲好“延安故事”的一次新探索，相信这一探索对于后续的相关研究和教学会产生重要的影响。

2024 年 10 月

目录

引言

统一战线是延安时期党领导革命斗争的重要法宝

统一战线是中国共产党凝聚人心、汇聚力量的政治优势和战略方针，既是中国共产党取得革命、建设、改革开放事业成功的重要法宝，也是新时代中国共产党治国理政的重要法宝，更是实现祖国统一和中华民族伟大复兴的重要法宝。特别在1935年10月至1948年3月的延安时期，党的统一战线理论从逐步形成到走向成熟，为夺取抗日战争和解放战争的胜利起到了无可替代的作用。

党的历史是最生动、最有说服力的教科书。延安是中国革命的圣地，延安时期是中国共产党历史上最辉煌的时期之一。党在局部执政的延安时期，探索和建立了一个能够呈现未来新型国家形态的基本雏形。党的统一战线理论在艰苦卓绝的革命斗争实践中逐步形成并日趋成熟。正是在党的统战理论的正确指导下，中国共产党领导全国人民建立了最广大的抗日民族统一战线，引领中国革命不断走向胜利。认真学习中国共产党延安时期统一战线的独特历史，缅怀革命先烈和革命领袖的丰功伟绩，能够给予我们更加深刻的思想启迪。深入挖掘延安时期统一战线的独特史料，能够从党的优良传统和实践经验中汲取营养，发挥统一战线历史研究经世致用的作用，开创新时代党的统一战线工作的新辉煌。

延安时期中国共产党高举抗日救国旗帜，团结各党各派，救亡图存，制定了一系列方针与政策。毛泽东等老一辈无产阶级革命家提倡并培育了一套政治协商、民主监督、合作共识、广交朋友的优良传统和统战经验。在政治上，制定了和平解决西安事变的方针，最终促成了西安事变的和平解决，建立了广泛的抗日民族统一战线。在政权建设上，探索和创立的“三三制”政权组织形式。在思想上，高度重视统战工作，将统一战线作为党领导革命斗争的重要法宝，作为党的总路线的重要组成部分。在民主建设上，确立了党自觉接受人民监督，加强民主建设的原则。在策略上，始终坚持独立自主的原则，发展进步势力，争取中间势力、孤立顽固势力的策略，实现联合与斗争的方针。在同党内外人士合作上，坚持广交深交朋友，采纳开明绅士李鼎铭“精兵简政”的建议。在经济上，实行减租减息和促进私营工商业发展的政策，照顾了各阶级、各阶层的利益，保护和发展了边区经济等。

延安时期中国共产党紧紧围绕抗日救国时代主题，把一切愿意抗日的阶级、阶层、党派、团体、军队、民族、个人以及海内外一切支持抗日的各界人士号召和动员起来，团结一致打败了日本帝国主义，最终获得了民族的独立与自由。团结了一大批爱国民主人士，如张学良、杨虎城、陈嘉庚、李鼎铭、黄炎培等，有力地推动了抗日战争的胜利，充分彰显了中国共产党在全民族抗战中的中流砥柱作用。中国共产党是抗日民族统一战线的发动者、倡导者、领导者和组织者，是救亡图存、团结御侮最坚决的贯彻者和执行者。抗战胜利后，为顺应国内各界要求和平民主、反对内战的呼声，中国共产党坚定地做出了和平谈判的道路选择，明确提出成立民主联合政府的主张。在中共六届七中全会上，毛泽东提出党的总任务是建立统一中国一切力量的民主的联合政府。在中共七大上，毛泽东作了题为《论联合政府》的政治报告，系统总结统一战线这个党领导革命取得成功的重要法宝。由此可见，延安时期中国共产党开创了统战工作的新局面。

延安时期中国共产党坚持政治协商，探索了民主革命时期“三三制”政权组织的新形式，给予广大民众，特别是党外人士充分的民主权利，为我们党与党外人士合作共事提供了可靠的组织保证。边区党组织和政府为了广开言路，改变干部作风，克服官僚主义，多次召开党外人士座谈会，对一些重大问题进行协商，广泛听取批评意见和建议，有力地促进了我们党各项工作的顺利开展。延安时期为与党外人士充分交换意见，进行广泛沟通与交流，经常召开座谈会，形式是灵活多样的，党外人士也积极建言献策，通过民主、平等、真诚的协商，最终达到政治上的一致或基本一致。

延安时期中国共产党加强了民主监督，使决策更加民主化、科学化。1945 年 7 月 4 日，毛泽东在延安杨家岭住处的窑洞里，与黄炎培（时任国民党政府的国民参议员等职）进行了关于“历史周期率”的谈话，成为党史国史上著名的“延安窑洞对”。毛泽东与黄炎培推心置腹，畅所欲言，黄炎培引用历史典故考问毛泽东，共产党的政权能否跳出历史上的“周期率”？毛泽东当即自信地回答，我们共产党已经找到了新路，能够跳出这个历史周期率。这条新路，就是民主。只有让人民来监督政府，政府才不敢松懈；只有人人起来负责，才不会人亡政息。这一时期，毛泽东和中共中央也采取了一些措施和行动，汲取民意，保障民权，改善民生，节制民劳，争取民心。例如，实行精兵简政，开展整风运动和大生产运动，其实减轻人民负担，制定和实施《陕甘宁边区惩治贪污暂行条例》等法规。

延安时期中国共产党十分重视与党外人士的合作共事，始终保持与党外人士的真诚合作，荣辱与共，善于调动党外各界人士的积极性。在抗日民族统一战线政策的感召下，李鼎铭就成为中国共产党合作共事的挚友和净友，他积极建言献策、参政议政，以无党派人士身份参与边区政府工作，提出了著名的“精兵简政”建议，为中国共产党领导抗日根据地人民战胜经济困难作出卓越贡献。同时，毛泽东对党外人士参政议政也做过大量精辟论述，强调同党外人士合作共事是党的一项坚定不移的方针。同时，他率先垂范广泛结交党外人士，使延安时期成为党与党外人士谋事合作的最佳时期之一。这一时期，毛泽东强调，我们没有排斥党外人士合作的权利，只有同党外人士合作的义务。在与党外人士合作中特别要注意践行民主作风、讲团结，不仅在政治上给职务、给权力，充分发挥他们的才能，而且在生活上给予照顾，用真挚的感情同他们交往，使党外人士感受到中国共产党人的可亲可靠。

延安时期中国共产党制定和实施了一系列民族与宗教政策，为建设及稳固边区、团结各民族群众共同抗战提供了坚实的基础。这一时期，我们党为了推动和团结西北少数民族一致抗日，相继建立了民族工作、民族事务的组织工作机构，创办了延安民族学院和各类干部学校，支持少数民族抗日武装，引领少数民族革命青年抗日热潮，培养民族工作骨干。中国共产党在陕甘宁边区制定了民族区域自治制度，建立民族区域自治政权，解决民族内部的一切事务，边区政府及领导贯彻宗教信仰自由政策，充分尊重少数民族的宗教信仰与风俗习惯。这些政策都为新中国开展民族宗教工作积累了宝贵的经验。

延安时期中国共产党广交深交国际友人，建立了广泛的国际反法西斯统一战线，集中表现为国际反日统一战线。成立了对外交往机构，最主要的机构有中共中央长江局国际宣传委员会、中共中央南方局外事组、延安交际处，通过这些机构积极开展统战工作，接待美联社、美国《时代》等外国记者21人参观团访问延安。通过广交勤交国际友人，了解国际形势和对华政策，积极争取国际支持。这一时期我党注重在国际社会开展宣传，推动国际反法西斯统一战线的形成，积极争取英、美、法等西方国家加入国际反法西斯统一战线，促成董必武出席联合国大会，实现了中国共产党对外交往的新突破，为世界反法西斯战争的胜利和人类和平解放事业的发展作出了重要贡献。因此，国际统一战线就成为延安时期中国共产党统一战线的重要组成部分。

为科学总结延安时期统一战线工作的历史经验，以史为鉴、开创未来、做好今后工作，我们特别组织教师编辑、整理和撰写出版了这本《延安时期统一战线史话》一书，以飨读者。以此书献给广大统一战线的工作者、哲学社会科学理论工作者，以期达到理论研讨、学术交流、实践研究的目的。如若能对新时代统一战线工作起到某些借鉴和参考，我们将深感荣幸，也算是陕西师范大学为研究我党延安时期统一战线理论与实践作出的一点贡献。

第一章 团结各党各派 救亡图存

延安时期，中国共产党高举抗日救国大旗，团结各党各派打败了日本帝国主义，带领中国人民实现了从“东亚病夫”到“站起来”的伟大飞跃，充分彰显了中国共产党在全民族抗战中的中流砥柱作用。抗日战争胜利后，毛泽东在中共六届七中全会上明确提出，党的总任务是建立统一中国一切力量的民主的联合政府的主张。在中共七大上，毛泽东作了《论联合政府》的政治报告，系统总结了统一战线这个党领导革命取得成功的重要法宝，提出“放手发动群众，壮大人民力量，在我党的领导下，打败日本侵略者，解放全国人民，建立一个新民主主义的中国”[①]的政治路线。可以说，延安时期中国共产党开创了统战工作的辉煌局面。

一、国共合作御外敌　团结抗战开新局

九一八事变后，由于执政的国民党及其政府的不抵抗和妥协退让，日本帝国主义侵占了中国东北后又继续侵略华北，中国面临着严重的民族危机。1935 年 8 月 1 日，中国共产党驻共产国际代表团根据国内外政治形势的变化，以及共产国际第七次代表大会关于建立世界的政策，以中共中央和中华苏维埃中央政府的名义发表《为抗日救国告全体同胞书》，史称《八一宣言》。号召全国人民团结起来，停止内战，抗日救国，组织国防政府和抗日联军。10 月 1 日《八一宣言》在法国巴黎出版的中文《救国报》上发表。这表明中国共产党的政治策略开始发生新的转变。

1937 年 7 月 7 日，日军进攻卢沟桥标志着日本蓄谋已久的全面侵华战争爆发，这是中国近代以来遭遇的一次最大规模的帝国主义侵华战争。日本的侵华战争使中华民族面临严重的生存危机。国难当头，只有全民族团结御侮才能维护民族独立与生存。因此，中国社会各阶级、各党各派都应当以民族利益为重，自觉使阶级利益服从于反对日本帝国主义侵略这个最高民族利益，这成为中国共产党和广大爱国人士的共识。

①《毛泽东文集》第 3 卷，人民出版社 1996 年版，第 303 页。

1931 年 9 月 18 日，日本关东军进攻沈阳城

在中国社会各阶级各党派的团结与联合中，国共两党之间的团结合作是最为迫切也最难解决的。在经历了十年内战的生死搏斗后，两党能否实现再次合作，这在一定程度上决定着全民族团结抗战的局面能否真正形成。事实上，早在卢沟桥事变以前，面对日益加深的民族危机，为了联合更多力量进行抗日民族战争，为取得中华民族的彻底解放，保持中国的独立和领土完整，中国共产党就顺应时代要求，逐步提出了建立抗日民族统一战线的政策主张。通过最广泛的抗日民族统一战线，团结一切可能的反日同盟者，团结一切可能的反日的基本力量，动员全国人民的力量去战胜日本帝国主义。

在中华民族面临严重生存危机的历史关头，国民政府一方面屈服于日本的压力，先后与日本签订了“何梅协定”与“秦土协定”，把包括北平、天津在内的河北、察哈尔两省的大部分主权奉送给日本，客观上助长了日本吞并中国的侵略气焰。另一方面，蒋介石继续执行“攘外必先安内”政策，抽调几十万大军开往西北，想要迅速把陕甘地区的红军一网打尽或者驱赶到蒙古沙漠中去。

在抗日救亡运动新高潮到来之际，中国共产党客观分析形势，顺应历史大势，制定出适合新情况的完整的政治路线和战略方针，即抗日民族统一战线的方针政策。1935 年 12 月 17 日至 25 日，中共中央在瓦窑堡召开政治局扩大会议。出席会议的政治局委员和其他中央负责人有毛泽东、张闻天、周恩来、博古（秦邦宪）、王稼祥、刘少奇、邓发、凯丰、张浩、李维汉、吴亮平等。会议由张闻天主持，张浩在会上传达了共产国际七大的精神及共产国际关于改变富农政策的精神。会议经过讨论，一致同意把国内战争与民族战争结合起来，扩大红军，做好对日战争的准备。

1935 年 12 月 25 日，瓦窑堡会议通过由张闻天起草的《中央关于目前政治形势与党的任务决议》。决议分析了时局的基本特点，指出日本帝国主义侵占东北、侵入华北，使得中国人民面临着“亡国灭种的大祸”，把一切不愿当亡国奴，不愿充汉奸卖国贼的中国人，逼得走上一条唯一的道路：开展民族革命战争。决议指出，党的策略路线是建立最广泛的抗日民族统一战线，对一切表示愿意反日、反汉奸卖国贼的势力，尽管他们不赞成土地革命和苏维埃制度，党也应该采取各种方式去团结和争取他们；对地主买办阶级内部的矛盾和冲突，“党亦应使用许多的手段，使某些反革命力量暂时处于不积极反对反日战线的地位。”① 瓦窑堡会议是中国共产党抗日民族统一战线理论和政策正式形成的重要标志。从此，建立以国共合作为基础的抗日民族统一战线成为全党奋斗的重要目标。

瓦窑堡会议结束后，1935 年 12 月 27 日，毛泽东根据会议

①《建党以来重要文献选编（1921—1949）》第十二册，中央文献出版社 2011 年版，第 537 页。

毛泽东作《论反对日本帝国主义的策略》报告

精神在党的活动分子会议上作了《论反对日本帝国主义的策略》的报告，进一步批判了党内“左”倾关门主义错误、阐述了党的抗日民族统一战线的策略思想。

在瓦窑堡会议决议和毛泽东《论反对日本帝国主义的策略》的指引下，党的抗日民族统一战线工作蓬勃开展起来。为争取国民党地方实力派，中共中央专门成立了以周恩来为书记、叶剑英为副书记的东北军工作委员会。1936 年 4 月 9 日，周恩来亲赴当时为东北军所把守的延安城，在城内的天主教堂与张学良举行会谈，达成了“停止内战，一致抗日”共识。与此同时，为争取与陕北苏区紧密相连的、抗日旗帜鲜明的杨虎城的十七路军，早在 1935 年 12 月，毛泽东就亲自派时任中共陕西省委委员兼二十六军政委的汪锋携带其写给杨虎城、杜斌丞、邓宝珊的亲笔信前往西安会见杨虎城。8月，中共又派张文彬到西安，做杨虎城、杜斌丞和张学良的工作。经过多方努力，双方于1936年5月达成了在共同抗日原则下各守原防、互不侵犯、互派代表、建立电台、密切联系等多项合作协议，并努力消除了东北军和十七路军之间的某些隔阂，增强彼此之间的团结，从而在红军、东北军、十七路军之间建立起“三位一体”的抗日联盟。

在大力开展上层统一战线工作的同时，中共也积极开展下层统一战线工作。下层统一战线工作主要采取了释放俘虏、前线喊话、联欢以及派人到国民党部队作宣传的形式开展。

例如，陕北米脂县的杨家沟就是位于苏区和国民党占领区交界线上的一个小村庄。自瓦窑堡会议后，由于苏区党组织积极开展对东北军的统一战线工作，杨家沟一度呈现出一派欣欣向荣的新气象——在每逢农历初五的集市上，无论是红军还是东北军，也无论是苏区还是白区的老百姓，都可以在集市上自由来往、买卖交易。担负着统一战线宣传任务的红军剧社在杨家沟村驻扎下来，他们一边私下接触东北军官兵，拉近与东北军官兵的距离并与之交朋友，一边广泛张贴抗日救国和建立民族统一战线的标语。每逢赶集日，剧社就在小镇上做专场演出，其余时间则分散到附近的村落做小型演出或宣传抗日形势。

埃德加·斯诺曾在《西行漫记》中描述过他对红军剧社的观感。他写道：“在共产主义运动中，没有比红军剧社更有力的宣传武器了，也没有更巧妙的武器了。由于不断地改换节目，几乎每天变更活报剧，许多军事、政治、经济、社会上的新问题都成了演戏的材料。农民是不易轻信的，许多怀疑和问题就都用他们所容易理解的幽默方式加以解答。”“从物质享受来说，他们无疑是世界上报酬最可怜的演员。然而我没有见过比他们更愉快的演员了。”①东北军官兵蒙受了故土沦陷、妻离子散的切肤之痛。他们背井离乡、流落关内，大多数人都有着早日驱除日寇、收复家园的强烈要求与坚定信念。当剧社上演《亡国恨》等节目，揭

① [美] 埃德加·斯诺著，董乐山译：《红星照耀中国》，人民文学出版社2017年版，第90页。

露日本侵略者在中国国土上肆无忌惮地烧杀掠夺、蹂躏妇女、强占资源的滔天罪行时，官兵们无不为之动容。红军剧社在杨家沟的宣传演出，受到东北军官兵和群众的热烈欢迎。剧社离开时，一些东北军官兵自发前来送别，纷纷表示今后一定要枪口对外，不打内战。有人甚至提出，今后若被迫与红军交战，那就枪口朝天放，大炮轰荒山，保证不伤害红军兄弟一根头发。①在中华民族生死存亡的紧要关头，这支中国共产党领导下的文艺劲旅，以贴近时代的生动剧目表达着全体中华儿女抗日救国的愿望，有力推动着抗日民族统一战线的形成。

1936 年 12 月 12 日，为逼迫蒋介石放弃"攘外必先安内"的政策，停止内战、一致抗日，张学良、杨虎城在多次请求蒋介石改弦更张停止内战均遭言辞拒绝后，毅然发动"兵谏"，扣押蒋介石等人，这就是中国近代史上著名的西安事变。

西安事变震惊了国内方方面面。事变发生后，面对错综复杂的形势，中共中央从民族大义出发，对形势进行了深入观察与精准研判，提出应抓住西安事变的有利时机，将局部的抗日民族统一战线转变为全国性的抗日民族统一战线，最终确定了和平解决西安事变的政治方针。1936 年 12 月 19 日，中共中央召开政治局常委扩大会议，毛泽东在会议上发言指出，西安事变后形势的发展既有光明的方面，也有黑暗的方面。中共的方针是坚定地站在抗日的立场上，消弭内战，不使内战延长，为此就要努力争取东北军以壮大抗日的力量，帮助反讨伐战争取得胜利。张闻天对西安事变保持清醒冷静的判断。他认为，西安事变胜利和失败的可能性都有，提醒全党要做好准备，争取胜利就必须在政治和军事上都采取正确方针，即尽量争取时间，进行和平调解；积极援助张、杨，使他们的部队巩固，并大力发动群众；以防御战来反对内战；靠近张、杨，对东北军尽量与之配合。

在统一认识的基础上，会议通过《中华苏维埃中央政府及中共中央对西安事变的通电》和《中央关于西安事变及我们任务的

①《陕甘宁边区抗日民主根据地》（回忆录卷），中共党史资料出版社 1990 年版，第 289 页。

1937 年 2 月至 7 月，中国共产党代表和国民党代表进行国共合作抗日谈判

指示》。“通电”当天向全国公开发表，向南京和西安双方提出双方军队暂以潼关为界，由南京立即召集全国和平会议，团结全国，反对一切内战、一致抗日等建议。“指示”发给各级党组织，向党内指出了中央关于和平解决西安事变的主张。面对错综复杂的形势，周恩来高瞻远瞩，他根据中央指示精神同张、杨商讨了与蒋介石和南京方面谈判的有关问题，并于 1936 年 12 月 23 日

和宋美龄谈话，阐述中共关于解决西安事变的主张及抗日的各项政策，希望蒋介石从速抗日。

1936年12月24日上午，周恩来、张学良、杨虎城与宋子文、宋美龄经过反复磋商达成九项协议。12月24日晚，周恩来会见蒋介石，当面向蒋介石说明了中国共产党抗日救国的政策。蒋介石被迫接受停止“剿共”政策、联合红军抗日等六项条件。即南京当局肃清亲日派、中央军撤兵并调离西北、释放爱国七领袖、保留苏维埃与红军等。时隔几十年后，张学良仍念念不忘周恩来的历史功绩，称赞周恩来当时实际上是西安的“谋主”——“捉蒋，是他作出的决策；而放蒋，和平解决事变，周恩来起了重

参与西安事变谈判的中国共产党代表：秦邦宪、叶剑英、周恩来（左起）

要作用”[1]。1936 年 12 月 27 日，蒋介石在《中央日报》发表所谓“对张、杨的训话”。文章声称：蒋介石离开西安之前，张学良、杨虎城没有勉强蒋有任何签字与下令的非分之举，且没有对蒋提任何特殊要求。张、杨之扣蒋，完全是受反动派之蛊惑；而释蒋，则完全是受蒋伟大领袖之精神感召后的改过行为。面对蒋介石吞食诺言，扣押张学良不放，国民党军队对西安方面形成的巨大军事压力，以及在西安内部出现的和战纷争，中国共产党力促西安事变朝着和平方向发展。1936 年 12 月 28 日，毛泽东代表中共中央发表《关于蒋介石声明的声明》，指出蒋介石是接受了六项条件才恢复自由的，督促蒋介石不折不扣地践行诺言。

1937 年 2 月 15 日，国民党五届三中全会召开。宋庆龄、何香凝、冯玉祥等人在会上提出恢复孙中山三大政策和联共抗日的主张。这次会议标志着国民党事实上接受了中共提议的国共合作主张，至此，国共十年内战基本结束，抗日民族统一战线初步形成。

西安事变的和平解决有着重大历史意义。正如毛泽东在中共七大上所作的《论联合政府》报告指出：“西安事变的和平解决成了时局转换的枢纽：在新形势下的国内的合作形成了，全国的抗日战争发动了。”[2] 西安事变是中国共产党倡导建立抗日民族统一战线的结果，是国共合作走向共同抗战的起点。以国共合作为主体的抗日民族统一战线的确立，使中国历史进入一个和平统一、团结御侮新阶段。

二、沧海横流显砥柱　攻坚克难谋新篇

延安时期的抗日民族统一战线，是在民族矛盾压倒一切、国共两党经历了十年生死搏斗后形成的。这意味着抗日民族统一战线中的国共关系，必然是一个极其重要而又极为复杂的问题。这

① 李义彬：《西安事变史话》，社会科学文献出版社 2011 年版，第 127 页。

②《毛泽东选集》第 3 卷，人民出版社 1991 年版，第 1037 页。

一时期，国共两党关系波澜迭起，变化多端，充满惊涛骇浪。中国共产党始终从民族大义出发，坚持独立自主，以斗争求联合，在艰难困苦中维护了两党之间的团结合作。

为人进出的门紧锁着，
为狗爬出的洞敞开着，
一个声音高叫着：
爬出来啊，给你自由！
我渴望自由，
但也深知，
人的躯体怎能从狗洞里爬出！
我期待着有一天，
地下的火冲腾，
把这活棺材和我一齐烧掉，
我应该在烈火和热血中得到永生。①

这首诗写于 1942 年，诗的作者就是信仰坚定、大义凛然的共产党人叶挺。

时隔几年后，经中国共产党的努力争取与坚决斗争，蒋介石终于释放了叶挺。叶挺出狱后按照周恩来的指引，毅然飞往延安……

时间回到 1941 年 1 月 4 日，新四军军部和所属部队 9000 多人奉命由泾县云岭出发北移，在皖南茂林地区遭到预先埋伏的国民党第三战区顾祝同、第三十二集团军上官云相所部七个师 8 万余人的包围伏击。新四军将士血战七昼夜，终因寡不敌众，除 2000 余人突围外，其余 6000 多人大部分壮烈牺牲。军长叶挺下山谈判被扣押，副军长项英遇害。这就是震惊中外的皖南事变。

皖南事变把国共关系推到危险的边缘，对抗日民族统一战线的巩固构成严重的威胁。事变发生之前，国共两党在合作中纵有

① 叶正大：《记忆中的父亲——叶挺》，中国文史出版社 2014 年版，第 288 页。

1

2

1_
叶挺和新四军部分将领合影
2_
皖南事变中被围攻的新四军

摩擦冲突，但终究属于局部问题，而皖南事变的发生，“使得双方剑拔弩张之程度，离全面破裂以至发生大规模内战，实仅一步之遥。”[①] 为维护抗日民族统一战线，中共中央对国民党顽固派展开了针锋相对的斗争。

首先是坚持以斗争求团结，对国民党的反共行径给予坚决揭露和有力回击。在重庆，周恩来领导的南方局在中共中央的指示下，从政治上和宣传上对国民党顽固派的倒行逆施进行了有力反击。1941 年 1 月 17 日，国民政府军事委员会发布通令，污蔑新四军为“叛军”，宣布取消新四军番号，将新四军军长叶挺交付军法审判，并通缉副军长项英。周恩来获悉这一情况后非常愤慨。他打电话怒斥何应钦是“中国人民的千古罪人！”“如此行为，使亲者痛，仇者快！你们做了日寇想做而做不到的事。”[②] 随后，周恩来驱车到国民党谈判代表张冲处，当面提出质问和抗议。这天夜里，周恩来很晚才回到红岩八路军办事处，他连夜召开紧急会议，深刻分析了局势的严重性和危险性，并鼓励同志们一道冲破黎明前的黑暗，迎接胜利的曙光。

在国统区，为牢牢掌握皖南事变新闻报道的话语权，国民党动用了最严格的新闻审查制度对共产党领导下的新闻机构进行打压。顽固分子采取了逮捕报贩、恐吓读者、扣押邮件、封闭报馆、撕毁广告等一系列行径，阻挠中共对事件进行报道。1 月 18 日凌晨，《新华日报》原计划刊登揭露皖南事变真相文章的报纸遭到国民党新闻检查人员扣押。国民党禁止文章发表，且派人日夜监视报社以等待审查第二天的报样。得知这一情况后，周恩来急中生智。他指示报社印制了两种报样，一种是把被国民党扣检的地方用别的消息补上，以应付审查。另一种作为第二天正式发行的报样。在这份报纸上，周恩来愤然提笔，写下了“为江南死国难者志哀！”的题词，以及“千古奇冤，江南一叶；同室操戈，相煎何急？！”的名篇。这二十五个字，饱含着对罹难新四军将

① 杨奎松：《皖南事变的发生、善后及结果》，《近代史研究》2003 年第 3 期。

② 南方局党史资料整编小组编：《南方局党史资料（大事记）》（一），重庆出版社 1986 年版，第 134 页。

士的悲痛之情，以及对国民党顽固派的无比愤怒之情。

1941 年 1 月 18 日，在山城重庆，黎明前的夜，一如既往的漆黑、寂静。新华日报社的同志们冒着生命危险，巧妙地躲过国民党的检查。他们连夜编排、制版、印刷，并赶在天亮之前组织报社的同志和勇敢的小报童，通过多种隐蔽方式，把数千份印有周恩来题词手迹的报纸运送进城。18 日清晨，天刚拂晓，雾锁山城，小报童清脆的叫卖声打破了黎明前的平静。山城的人们迎着叫卖声，怀着好奇的心情从四面八方涌来，争先购买报纸。当日的《新华日报》迅即传遍了重庆的大街小巷，在此国难当头的危急时刻，看到消息的人们无不为国民党顽固派的倒行逆施而倍感痛心、义愤填膺。

1941 年 6 月 15 日、22 日，《新华日报》再次发表周恩来撰写的《民族至上与国家至上》一文。文章集中阐述了中国共产党在国家与民族问题上的鲜明立场，含蓄批判以蒋介石为代表的国民政府在抗战政策问题上的失误。文章指出，国民党对内实行单纯依靠政府和军队的片面抗战路线，拒绝联合各民族各阶级一致抗日，而放纵汪精卫之流的妥协投降活动。对外则放弃独立自主的精神，对英美援助抱有过高期望和幻想，对苏联则实施边联合边仇视的两面政策。文章写道：

> 什么是“民族至上”？在中国其含义就等于民族利益高于一切，动员全中国被压迫民族向主要的民族敌人——日本作生死存亡的决斗；一切个人利益、阶级利益、党派利益，都应该服从总的民族利益，这是中华儿女今天最光荣最主要的任务。[①]

文章明确要求国民政府实行政治民主，承认各抗日党派的合法地位。

在抗战建国的过程中，团结则存，分裂则亡，合作则胜，独

① 中共中央文献研究室：《周恩来年谱（1898—1949）》（修订本），中央文献出版社 1998 年版，第 518—519 页。

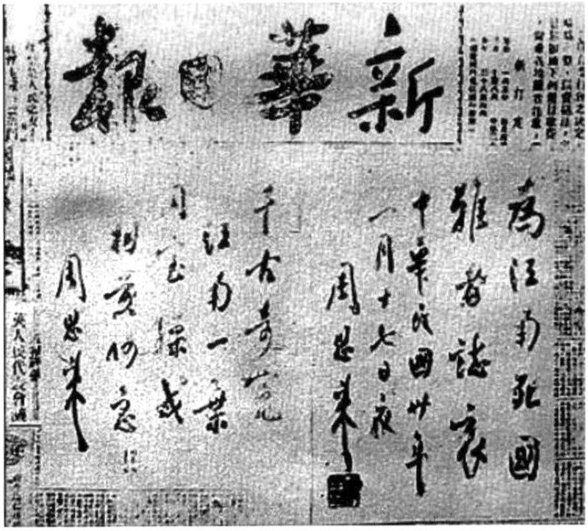
新華日報

為江南死國難者誌哀
中華民國卅年一月十七日夜
周恩來

千古奇冤
江南一葉
同室操戈
相煎何急!?
周恩來

1

2

1_
皖南事变后刊登于《新华日报》
的周恩来题词
2_
毛泽东在延安发出随时准备到
抗日前线的号召

霸则败。我们希望国民党人士也要了解，大家既拥护这个中心，自己便应更珍重这国家中心，倾听群众的意见，接受善意的批评。①

其次是争取国际社会与民主党派对中国共产党的了解、同情与支持。为使外国人了解皖南事变的真相，争取国际舆论的同情与支持，周恩来不仅组织力量准备材料，动员外国记者分别带往香港、南洋和美国发表，而且还安排了南方局的精干力量如王炳南、王安娜、龚鹏等，去访问所认识的外国记者和外交官，告知国民党袭击新四军的事件。周恩来还亲自前往英国驻华大使阿奇博尔德·克拉克·卡尔的寓所，向卡尔揭露国民党顽固派的分裂阴谋。这些努力收到积极成效。英国政府在收到驻华大使报告后就明确告诉蒋介石：中国发动内战只会加剧日军的进攻。

共产党在处理皖南事变中的正义立场，也赢得了民主党派的同情与支持。事变发生后，基于对国民党的严重不满，章伯钧、左舜生等拟发起成立民主联合会，以团结各党各派、无党无派和国民党左派，与中共合作共同进行民主和反内战运动。第三党亦因当局压力日渐"左"倾，提出了以联苏联共为中心，与中共更密切合作的建议。在此情形下，共产党与救国会、第三党、职教社、青年党及后来的民盟，建立起了密切的联系，进一步团结他们为抗日、民主、进步而努力奋斗。

面对国内外强大的政治压力与共产党有理有节的斗争，国民党在政治上日渐陷入孤立境地，不得不收敛其反共摩擦活动并积极寻求与中共妥协。

1941 年 1 月 17 日，国民政府军委发言人发表谈话，称皖南事变"完全为整饬军纪问题"②。蒋介石也要求部下就事论事，对皖南事变的处理尽量不涉及共产党或第十八集团军，避免事态进一步扩大。1941 年 1 月 27 日，蒋介石在重庆发表谈话，公开将皖南事变定性为完全的军纪问题。他指出："就我们此次处置

---

① 中共中央文献研究室：《周恩来年谱（1898—1949）》（修订本），中央文献出版社 1998 年版，第 518—519 页。

② 中共中央文献研究室：《周恩来年谱（1898—1949）》，人民出版社、中央文献出版社 1989 年版，第 238 页。

新四军事件来说，无论中外人士，大家都知道，这完全是我们整饬军纪的问题，性质很明白，问题很单纯，事件也很普通。”“并无其他丝毫政治或任何党派的性质夹杂其中。”蒋介石并表示，在抗战期间，国民政府绝对尊重一切遵守抗战建国之纲领的个人或团体，以法律保障其自由与人格。[①]至此，抗日民族统一战线在激烈的震颤中度过一次严重危机，为维护抗战大局进而取得全民族抗战的最终胜利奠定了坚实基础。

回顾历史，在整个抗日战争期间，为维护大地主、大资产阶级利益，保持一党专政地位，国民党始终坚持“一个主义、一个政党、一个领袖”，试图利用抗日民族统一战线达到溶化、消灭共产党的目的。

1938年12月12日，蒋介石在重庆约见前来参加国民参政会的中共代表王明、秦邦宪、董必武等人时，曾有过这样一番谈话。蒋介石表示：共产党员退出共产党加入国民党，或共产党取消名义，整个加入国民党，我都欢迎；或者共产党仍然保存自己的党，我也赞成；但是跨党办法绝对办不到。蒋介石甚至表示，如不取消共产党，则死不瞑目。“我的责任是将共产党合并国民党成一个组织，国民党名义可以取消。我过去打你们，也是为保存共产党革命分子合于国民党。此事乃我的生死问题，此目的如达不到，我死了心也不安，抗战胜利了也没有什么意义。”[②]

随着共产党力量的不断发展壮大，蒋介石愈益恐惧不安，国民党反共的锣鼓也越敲越紧。1939年1月，国民党在重庆召开五届五中全会。蒋介石在会上作了《唤醒党魂，发扬党德，巩固党基》的秘密报告，确定了“溶共、防共、限共”的方针。会议决定设立“防共委员会”，并秘密通过了《限制异党活动办法》。会后，国民党发布了一系列反共文件，如《异党问题处理办法》《运用保甲组织防止异党活动办法》等。这标志着国民党自抗战

① 中共中央文献研究室：《周恩来年谱（1898—1949）》，人民出版社、中央文献出版社1989年版，第247页。

② 黄修荣编著：《抗日战争时期国共关系纪事：1931.9—1945.9》，中共党史出版社1995年版，第267页。

以来在政策上的重大转向。此后，国民党虽继续打着“抗日”旗号，但抗日消极。虽继续打着“联共”旗号，但不断制造借口，频繁发动军事摩擦。在山西，国民党阎锡山部发动“十二月事变”，进攻共产党领导的八路军和山西新军。1939年冬到1943年，国民党顽固派先后掀起三次反共高潮，1939年6月，国民党顽固派张荫梧制造深县惨案，包围冀中根据地驻深县办事处，惨杀八路军数百人。1939年6月，国民党制造平江惨案，国民党第二十七集团军根据蒋介石的秘密命令，派兵包围新四军设在湖南平江嘉义的通信处，枪杀新四军高级参议、中共湘鄂赣省委书记涂正坤和通信处军需员吴贺众，并将八路军少校副官罗梓铭等人活埋。1941年，更是制造了前文所述的震惊中外的皖南事变。

对于蒋介石军事上消灭、政治上“溶化”共产党的企图，中共从抗战一开始就有清醒的认识并保持高度警惕。在两党合作伊始，中共深刻汲取第一次大革命失败的经验教训，强调在统一战线中坚持独立自主的原则。一方面，中共坚定认识到国共合作是抗日民族统一战线的核心，对战胜日本帝国主义、实现中华民族大解放起着决定性作用，并教育全党要竭尽所能坚持并维护抗日民族统一战线。比如，1937年，毛泽东在一次讲话中就提出：“假如没有国共两党为基础的抗日民族统一战线的发起、建立与坚持，如此伟大的抗日民族革命战争之发动、持久与争取胜利，是不可能的。”1938年10月7日，《新华日报》发表《论目前抗战形势》的社论，重申上述思想主张，指出：“巩固和扩大统一战线，是克服抗战困难的重要条件之一。国共两党的合作是粉碎敌人分裂中国、破坏团结的最好办法。在统一战线已经形成之后，一切历史的痕迹，应当消失，一些小的摩擦、地方的冲突，某些党部不妥的做法，均应受到批评。只有坚持长期抗战，加强国内团结，才是克服困难，争取胜利的转入敌我相持局面的基本方针。”[①]

1940年8月19日，中共中央发布《关于对友军扩大交朋友工作的指示》，要求纠正某些部队中存在的把整个中央军或某个

① 黄修荣编著：《抗日战争时期国共关系纪事：1931.9—1945.9》，中共党史出版社1995年版，第260页。

杂牌军全看成顽固军队，不知分别对待争取，以致多树敌人的错误倾向。提出要有计划地进行长期艰苦的扩大交朋友工作，以达到争取大多数友军同情我党的目的。强调要让全党党员深刻认识到，“争取二百万友军的继续抗战，是今天巩固与扩大民族统一战线最中心的工作。而扩大交朋友的方式，是今天友军工作最主要的方式。”指示一再告诫党内，共产党的策略是只打击当前直接与我党摩擦的少数顽固势力，而尽力团结一切可能抗日的力量。为此，党内同志要提高做统一战线工作的实际本领，善于与中坚力量交朋友，开展争取中间力量的工作。“为了认真扩大交朋友工作，各级统战部组织需要加强，经费需要增多，对这种交朋友工作无成绩的地方，须受到党的严重责备。”①

另一方面，抗日战争的长期性客观上决定了国共合作的长期性，同时也意味着两党之间的摩擦将是长期的。为此，中国共产党始终高度重视维护自身在统一战线中的独立自主地位。正如毛泽东强调指出的，我们的方针是统一战线中的独立自主。所谓独立自主，就是既统一，又独立。“统一”与“独立”，二者不可偏废其一。1938 年 10 月，毛泽东在扩大的六届六中全会上报告中指出，坚持民族统一战线才能克服困难，战胜敌人，建设新中国，这是毫无疑义的。但是在同时，必须保持加入统一战线中的任何党派在思想上、政治上和组织上的独立性。他说：“没有问题，统一战线中的独立性，只能是相对的，而不是绝对的；如果认为它是绝对的，就会破坏团结对敌的总方针。”“如果被人抹杀或自己抛弃这种相对的自由权，那就也会破坏团结对敌的总方针。这是每个共产党员，同时也是每个友党党员，应该明白的。”②可谓对抗日民族统一战线中“统一”与“独立”的辩证关系作出了精辟阐释。

面对国民党日益加剧的“溶共”“防共”“限共”措施与军事摩擦，毛泽东一再告诫党内同志，要善于开展针锋相对的斗争，

---

①《中共中央文件选集》第 12 册，中共中央党校出版社 1991 年版，第 465 页。

②《毛泽东选集》第 2 卷，人民出版社 1991 年版，第 524—525 页。

以斗争求生存、求团结。1939年2月8日，毛泽东在中央书记处会议上指出："现在我党内仍存在危险，许多党员对于国共两党的区别不清楚，误以为都是抗日。许多党员观念模糊，不懂得只有我党力量增加才能巩固统一战线。"5月7日，毛泽东在中共中央政治局会议上强调："没有斗争就没有合作"，"长期合作就需要长期斗争来保证。"就国共关系而言，斗争是合作的条件，只有坚持斗争，才能抑制摩擦，制止分裂，使合作存在下去；而妥协退让，势必导致被国民党溶化掉，失去与国民党合作的资本。毛泽东希望全党汲取第一次国共合作失败的深刻教训："就是因为无产阶级没有政治警惕性，在政治上军事上都没有准备起来"，"人家来一个'马日事变'初试一下，共产党不反抗，他们就大搞起来"。毛泽东形象地比喻道："天下的鱼本来没有人敢捉的，有人去捉一两条试试看，因为鱼没有反抗，你捉我捉，大家都捉起鱼来，因此天下之鱼可捉也。"①

1939年2月4日，毛泽东在陕甘宁边区第一届参议会闭幕会上发表讲话，批评国民党五届五中全会所确定的"溶共、防共、限共"方针，指出为国为民的共产党是绝对不应当溶化的，应当溶化的是那些发国难财、吃摩擦饭的顽固分子和其他的坏东西。国民党鼓吹的"一个主义""一个党"的谬论应该取消。毛泽东指出，对付国民党的摩擦，用"人不犯我，我不犯人；人若犯我，我必犯人"的原则。

1939年6月25日，毛泽东在《八路军军政杂志》第6期发表《当前时局的最大危机》一文，文章指出："战下去，团结下去——中国必存。和下去，分裂下去——中国必亡。何去何从，国人速择。我们共产党人是一定要战下去，团结下去的。"②

值得一提的是，共产党在政治和舆论上与国民党顽固派开展激烈斗争的同时，也利用多种文化宣传的方式融洽两个政党领导

① 毛泽东：《后方军事工作的政治方向》，1939年5月5日。转引自杨奎松：《"中间地带"的革命：国际大背景下看中共成功之道》，山西人民出版社2010年版，第381—382页。

② 黄修荣编著：《抗日战争时期国共关系纪事（1931.9—1945.9）》，中共党史出版社2015年版，第286页。

的军队间的关系。在中国共产党领导的广大敌后抗日根据地，涌现出一批以宣传国共合作、维护抗日民族统一战线为主题的优秀歌曲，这些歌曲的创作、传唱，有力地沟通了国共抗日部队间的关系，减轻了国共军队间的军事摩擦。

最早创作国共合作主题歌曲的是陆定一。1934 年 10 月，陆定一随中央红军第二纵队参加二万五千里长征。红军到达陕北后，他参加了东征、西征，后任红一方面军政治宣传部部长、红军前敌总指挥部政治部宣传部部长。红军改编为八路军后，陆定一曾任八路军总部野战政治部宣传部部长、八路军野战政治部副主任。第二次国共合作基本实现后，他适应当时形势需要，并依据第一次国共合作的历史经验撰写了《国共合作纪念歌》。陆定一后来曾回忆道："记得 1936 年我曾经写过一个歌，其中写道：'国民党，共产党，两党合作，中国就兴旺；国民党，共产党，两党合作，中国就不会亡。'我们中国共产党人，赞成两党合作，不赞成两党分裂。"①

1937 年 11 月，著名音乐家周巍峙也在山西临汾创作了《国共合作进行曲》等。在其他根据地，以国共合作为主题的歌曲层出不穷。从流传下来曲目可以看出，这些富有地方特色、歌词也不尽相同的歌曲，深切表达了广大人民群众热切期盼民族团结以御外侮的心声。

在中共中央所在地延安，党领导的中国人民抗日军政大学，唱歌成为一切工作政治动员的号角，如《国共合作歌》《统一战线歌》影响就非常大。

在共产党领导的抗日民主根据地，国共合作的内容还被编入识字课本，作为冬学使用教材。例如，有的识字课本将国共合作的重要性刻画得淋漓尽致："中国人，打日本，团结成统一战线。……统一战线是座房，国共合作是房梁；房梁倒了，房子就要坍，国共合作中国不会亡。"②

① 叶成林：《八路军与国共合作歌》，《百年潮》2014 年第 1 期。

② 李蓉、叶成林：《第二次国共合作史（第二册）》，团结出版社 2017 年版，第 482 页。

1939年，钟惦菲、王莘在晋察冀边区创作的《打击顽固分子》，同样表达了对顽固分子倒行逆施、逆历史潮流而动的愤懑与蔑视之情。

咝！咝！咝！顽固分子你见了鬼，调转了枪口来对内，妥协投降开倒车，我们大家齐反对！齐反对齐反对齐反对！

咝！咝！咝！顽固分子你找摩擦，挑拨那国共来分家，阻碍了军民打日本，我们大家打击它！打击它打击它打击它！[①]

这首歌曲的传唱始于晋察冀边区，后来在华北抗日根据地广泛流传。此外，在晋察冀边区传唱较多的还有也平于1940年底创作的《团结到底》，歌词如下：

滹沱河水流呀流，永远不回头，持久抗战为自由，中途不要休。投降是条自杀路，团结才能有前途，快快起来为民族，团结一起向前走。抗战路虽苦，血汗不白流，胜利的曙光就在眼前头。[②]

1940年7月，为争取国民党士兵团结抗日，向征、何士德共同创作的《我们本是一家人》，则以舒缓的语调对维护抗日民族统一战线的必要性展开动之以情、晓之以理的阐释，体现了誓死维护抗日民族统一战线的鲜明政治立场。

秋风起，树叶黄，弟兄们杀敌在战场！我们本是一家人，祖宗三代同一庄，日落西山一块把牛放，鬼子打来一起把兵当。当兵原为保家乡，绝不能自己互杀伤。是日寇烧了你家乡，是日寇杀了你爹娘，自相残杀敌人笑，热血同胞痛心伤，大仇不报愧为男儿汉，紧握枪杆齐向敌胸膛。我们要团结，我们要抗战，谁要分裂，谁要投降，谁就是自取灭亡。我们要团结，我们要抗战，

① 李蓉，叶成林：《第二次国共合作史（第三册）》，团结出版社2017年版，第735页。

② 李蓉，叶成林：《第二次国共合作史（第三册）》，团结出版社2017年版，第735页。

谁要分裂，谁要投降，谁就是自取灭亡。[1]

这首歌对争取国民党政府军第一八〇师的团结抗日工作起到非常重要的作用。

以国共合作为主题的音乐作品不仅在共产党领导的军队与根据地内传唱，而且在全国各地广泛传唱。丰子恺曾经记述：我从浙江通过江西、湖南，来到汉口，在沿途各地逗留，抗战歌曲不绝于耳。连荒山中的三家村里（我在江西坐船走水路，常夜泊荒村，上岸游览，亲耳所闻），也有“起来，起来”“前进，前进”的声音出自村夫牧童之口。长沙的湖南婆婆，汉口的湖北车夫，都能唱“中华民族到了最危险的时候”。宋代词人柳永所作词，普遍流传于民间，当时有“有井水处，即有柳词”之谚。现在也可以说：“有人烟处，即有抗战歌曲。”

比如下面这两首极富有感染力的歌曲，表达了人民群众对国共合作开启民族团结抗战新局面的高度赞美与无限憧憬。

“太阳照红了东方，春风吹荡了麦浪。我们自由地走，纵情地唱，在这广大的敌后方。我们没有见过这样的敌人，有过这样的后方。国民党、共产党两党合作中国不会亡；国民党、共产党两党合作中国就兴旺。太阳照红了东方，春风吹荡了麦浪，我们自由地走，纵情地唱，在这广大的敌后方。”[2]

你终是一个中国人，管你的职业是哪一行，无论军政工农商艺学，救祖国莫彷徨，赶快参加统一战线，合四万万人一条心，把日本强盗全打出去，才不愧一个中国人。

你终是一个中国人，管你政党是哪一派，无论国与共，共族同盟，救祖国莫徘徊。

你终是一个中国人，管你的军队是哪一支，无论军师旅团营连排，救祖国莫延迟。

---

① 李蓉，叶成林：《第二次国共合作史（第三册）》，团结出版社 2017 年版，第 735 页。

② 李蓉，叶成林：《第二次国共合作史（第二册）》，团结出版社 2017 年版，第 472 页。

你终是一个中国人，管你的信仰是哪一教，无论孔清真老佛祖，救祖国莫逍遥。

你终是一个中国人，管你的民族是哪一系，无论汉满蒙回藏黎苗，救祖国莫犹疑。

你终是一个中国人，管你侨民在哪一方，无论南洋美洲欧与亚，救祖国莫徜徉。③

上述这些节奏鲜明、坚定有力、富有号召性的大众化音乐作品，以其高昂的格调与丰沛的激情，给全中国广大民众以极大的精神鼓舞。在抗战相持阶段，这些歌曲成为表达中国共产党维护抗日民族统一战线政治主张的有力载体，它代表着时代发展方向，代表着广大人民的根本利益，因而发挥了重要的政治与社会功能。

英国人杰·布鲁斯在他的书里写道：新四军的战地服务团的工作主要是在宣传、教育，以及一切政治性的活动上。这种宣传、教育的工作，当然是都收到了很大的效果。在战地有很多过去的旧式女子，以及小孩，现在差不多都能唱歌（最流行的歌曲是《国共合作歌》《生死关头》等）甚至演说了。一切原来就潜伏在群众中间的抗日力量，经过战地服务团员的工作后，现在已都爆发出来成为一个很大的力量了。④

由此可见，抗日民族统一战线的发展绝不是一帆风顺的。国共两党由抗战初期的精诚合作，到后来摩擦频发甚至一度兵戎相见，历尽千难万险。所幸的是，抗日民族统一战线在风雨磨砺中坚持了下来而始终没有破裂。究其原因，一方面固然是国民党在民族矛盾为主要矛盾的情况下没有彻底反共；另一方面更因为，在十四年抗战期间，共产党在面对国民党在政治、军事上的双重攻势时，始终坚持从中华民族整体利益出发，正确处理了阶级矛盾与民族矛盾的关系，努力维护与巩固了抗日民族统一战线，这为中华民族解放事业奠定了坚实的基础。

③ 李蓉，叶成林：《第二次国共合作史（第二册）》，团结出版社 2017 年版，第 473 页。

④ 李蓉，叶成林：《第二次国共合作史（第二册）》，团结出版社 2017 年版，第 476 页。

陕甘宁边区第一届参议员合影

三、命运与共同凉热　三分政权促民主

抗日战争时期，中国共产党在维护与大地主大资产阶级统一战线关系的同时，把统一战线思想付之于根据地的政权建设之中，形成了影响深远的“三三制”政权组织形式。

“三三制”原则的提出经历了一个历史过程。1940 年 3 月，毛泽东在《抗日根据地的政权问题》中提出：“在抗日时期，我们所建立的政权的性质，是民族统一战线的。这种政权，是一切赞成抗日又赞成民主的人们的政权，是几个革命阶级联合起来对于汉奸和反动派的民主专政。”“根据抗日民族统一战线政权的原则，在人员分配上，应规定为共产党员占三分之一，非党的左派进步分子占三分之一，不左不右的中间派占三分之一。”①这是中共首次提出“三三制”构想。

1940年7月，毛泽东在为纪念抗战三周年撰写的文章中再次重申：“在政权问题上，我们主张统一战线政权，既不赞成别的党派的一党专政，也不主张共产党的一党专政，而主张各党、各派、各界、各军的联合专政，这即是统一战线政权。共产党员在敌人后方消灭敌伪政权建立抗日政权之时，应该采取我党中央所决定的‘三三制’，不论政府人员中或民意机关中，共产党员只占三分之一，而使其他主张抗日民主的党派和无党派人士占三分之二。无论何人，只要不投降不反共，均可参加政府工作。任何党派，只要是不投降不反共的，应使其在抗日政权下面有存在和活动之权。”②

此后，1941年5月通过的《陕甘宁边区施政纲领》规定：本党愿与各党各派及一切群众团体进行选举联盟，并在候选人确定共产党员只占三分之一，以便各党各派及无党派人士均能参加边区民意机关的活动与边区行政之管理。共产党员被选为某一行政机关主管人员时，应保证机关职员有三分之二为党外人士担任，“共产党员应与这些党外人士实行民主合作，不得一意孤行，把持包办”③，首次以法律的形式把“三三制”原则确定下来。

“三三制”实施之初，曾在党内外引起诸多争议。在党内，部分党员和干部对“三三制”抱有错误的认识，不少人表现出典型的关门主义倾向。比如，认为“三三制”只是共产党拉拢党外人士的一种“手段”。这一观点在基层县区干部中表现得较为突出。有人认为，“三三制政权是共产党在请客，人家是宾，自己

①《毛泽东选集》第2卷，人民出版社1991年版，第741—742页。

②《毛泽东选集》第2卷，人民出版社1991年版，第760—761页。

③《毛泽东文集》第2卷，人民出版社1993年版，第335页。

陕甘宁边区参议会副参议长谢觉哉与家人合影

是主，或者以为‘三三制’是在故意兜圈子而不是什么革命政权的正轨。”“不要三三制不是也已经干了这许多年的革命，而且有了这么多的革命成绩了么？”[①] 显然，持这一论点的人对党的政策抱着僵化态度，不懂得用发展眼光看事物，因而对建立“三三制”政权的必要性与重要意义缺乏正确的认识。这一点，正如1941年12月29日《解放日报》社论所指出的，他们不懂得中国社会是一个两头小中间大的社会，不懂得如果不使最大多数的

①《解放日报》，1941年12月21日。

中间阶级各得其所，就会有亡国、亡党、亡头的危险！

此外，还有的党员认为，“三三制”就是“三分天下”，实行“三三制”是削弱乃至放弃党的领导。在实践中，部分党员干部因不懂得如何与党外人士合作而表现出狭隘的关门主义倾向。如借口“找不到人”而拒绝与党外人士合作共事。对此，《解放日报》专门发表社论，意味深长地批评道：“我们不应该忘记：我们的敌人不是国内的而是日本帝国主义，我们今天的主张‘就是要团结全中国的力量打倒日本帝国主义，要和全国各党各派各阶级各民族合作，只要是中国人，只要不是汉奸，都要联合，共同奋斗’。中国人的标准，在今天只能有一个，那就是看他是不是赞成抗日。这就是中国全体人民大团结的范围，也就是我党一切政策和主张的出发点。把自己一党一派一阶级的尺度去衡量全国人民的好坏，决做不到全民族的团结。”毛泽东在《在陕甘宁边区参议会的演说》中指出：“决不可把自己关在小房子里，自吹自擂，称王称霸。”①

在党外，一方面是农民群众尤其是经过土地改革地区的农民对实行“三三制”心存戒惧。一些农民由于过去长期受地主压迫，对“三三制”怀着恐惧、迟疑心理。有人提出：“咱们流血牺牲闹革命，打土豪、分田地，建立的政权，现在又让他们来参加，来管我们，敢保不吃亏上当？！”“不要他们该有多省心，何必自找麻烦。”“为什么要那么多的地主、士绅，‘三分之一’呀！”有的农民对地主、士绅们还多少保留着传统的胆怯心理，正所谓“望见财东向自己走来，手里东西不自主地往下落”。而在一些尚未进行土地改革的地区，农民则担心地主参政后自己更加没有翻身的希望。

另一方面，地主和开明绅士对实行“三三制”心存疑虑。一些实行土地分配已久区域的地主，一面对实行“三三制”表示意外与兴奋，称赞“三三制”表现了共产党宽阔的胸襟和气度。比如，据史料记载，华池县有一个地主就充满感激地说：“三七年

①《毛泽东选集》第3卷，人民出版社1991年版，第809页。

选举，咱们没有选举权，现在共产党、八路军、边区政府看得起咱们了，又给咱们选举权，咱今后一定要选好人。”[①]有的感叹：“从前不要咱们这号人了，今天又能参加政权”“尔今事情真不同了，咱们也有公民权，同别人平等了”等等。一方面又怀疑“三三制”的真实性，认为不过是共产党用来装点门面、做做样子的，并不会给党外人士真正说话、办事的民主权利。[②]由此可见，“三三制”政策的出台客观上给党的建设提出新的要求，那就是重新给政府工作的党员以政治、思想、作风乃至生活习惯方面的充分教育。1941年，毛泽东号召党员从思想上克服关门主义和宗派主义倾向，诚心诚意与党外人士民主合作。他指出：“国事是国家的公事，不是一党一派的私事。因此，共产党员只有对党外人士实行民主合作的义务，而无排斥别人、垄断一切的权利。共产党是为民族、为人民谋利益的政党，它本身决无私利可图。它应该受人民的监督，而决不应该违背人民的意旨。”[③]毛泽东的讲话在边区参议员中引起极大反响，这次讲话的内容也成为边区第二届参议会的指导思想。

1941年12月21日，《解放日报》发表社论指出：“我们一定要告诉这些同志说：今天每一个抗日的人民都同样的是国家主人，都同样的要说话、要办事，而国家公事断不许当作一党一派的私事来包办；我们目前要建立的革命政权也就是这样的三三制政权而再没有什么直接便当的近路；我们一定要告诉这些同志们，共产党员之所以可贵就在于他们能够倾听群众的呼声，就在于它能够无善不收，不断进步。”

陕甘宁边区参议会副参议长谢觉哉也一再向大家解释说，共产党员在政府机关中只占三分之一并不意味着放弃党的领导。相反，“三三制”是共产党人约束自己的一种制度，是避免处于领导地位的党走向“把持包办”的一种制度。“什么叫领导？领

---

①《陕甘宁边区抗日民主根据地》（文献卷·下），中共党史资料出版社1990年版，第136页。

②《陕甘宁边区抗日民主根据地》（回忆录卷），中共党史资料出版社1990年版，第143页。

③《毛泽东选集》第3卷，人民出版社1991年版，第809页。

导是带路的意思，有正确的政策与模范的行动，大多数人们自然跟着走。如果靠党员占权位的人多，使少数人不敢不跟着走，那是压迫，不算领导。”[①]“少数人带路走前，多数人在后面跟着，从没有带路人要比跟着走的人多的道理。靠人多强迫人家跟着走，那是押送，不是带路。”[②]边区民主人士李鼎铭则以自己的亲身经历高度肯定了“三三制”的真实性。他在当选参议会副参议长后发表讲话说：“我今年61岁了，本来没有能力，加之衰病交加，十余年不出家门，纵然有点思想，也是闭门造车，不能出门合辙。今天大家选举我，我觉得惭愧得很。但是，既蒙选举，自当勉尽绵力。”“我是一个无党无派的人，无党无派中也有几等。一等是中立不移的，一等是倾右的，一等是倾左的。我本来倾右，觉得共产党的社会主义不对，转念我又想我们常常笑人盲从，我说社会主义不对，究竟从何处说起？于是我找到几种社会主义的书，加以研究，才知道社会主义是天公地道的主义。”[③]

团结各社会阶层、各党各派共同抗日，这是建设和巩固“三三制”政权的关键所在。边区政府秘书长、参议会副参议长谢觉哉高度重视与尊重民主人士。在边区政府和参议会工作期间，他在工作上诚恳协助、生活上热情关心党外人士，与党外人士结下了深厚的友谊，为“三三制”政权建设付出大量的精力和心血。

李丹生，边区参议会参议员，陕北知名人士。谢觉哉与李丹生朝夕相处，情谊深厚。1945年7月，李丹生病危，弥留之际，他将两个不满十岁的女儿叫到病榻前，紧握谢觉哉的手说：“她俩是我的女儿，也是您的女儿，我死后就托给您了！”谢觉哉含泪答道：“您放心吧！她们会长大成人的。”[④]在李丹生追悼会上，谢觉哉沉痛讲述了李丹生对“三三制”政权所做的贡献及临终“托孤”一事。此后，谢觉哉与夫人王定国一直把李丹生的两个女儿带在身边照顾抚养。在撤离延安的征途中，他们尽力不让

①《谢觉哉文集》，人民出版社1989年版，第404页。

②《延安民主模式研究资料选编》，西北大学出版社2004年版，第146页。

③《陕甘宁边区抗日民主根据地》（回忆录卷），中共党史资料出版社1990年版，第147—148页。

④《陕甘宁边区抗日民主根据地》（回忆录卷），中共党史资料出版社1990年版，第497页。

姊妹俩受委屈。新中国成立后，为减轻谢觉哉的负担，谢觉哉曾经的秘书将小女儿春先带去济南亲自照管。大女儿春香则一直留在谢觉哉夫妇身边，一直到大学毕业，成家后才独立生活。正如有学者所指出的，“这不是一件仅仅反映个人关系的‘托孤’小事，而是代表着我们党和非党人士战斗友谊的政治大事，影响十分深远。”[①]

1945 年，随着解放区扩大，很多干部奉命南下。谢觉哉一一赠诗留念。如诗《赠康云、徐明、吴杰民同志南征》：“云龙风虎战旗开，曾上昆仑学道回，岭海荡平新政立，应容我瞰荔枝来”[②]。情真意切，感人至深。在推行“三三制”过程中，党的领导干部以民主的作风、无私的胸怀打动了大批爱国民主人士，赢得了党外人士对中国共产党的信任。抗日名将续范亭称赞只有共产党，才能实行真正的三民主义。他曾专门赋诗以赞扬谢觉哉的高风亮节：

识面最早是谢老，桥儿沟上初一遇。
座中微笑秘不语，开口痛骂汪精卫。
爱憎分明是本色，疾恶如仇不宽恕。
先生理政务精敏，具体详尽最可贵。
身体力行三三制，把握政策与主义。
我于先生印象深，最难忘者参议会。[③]

1944 年，重庆《新民报》主笔赵超构随中外记者团访问延安，他在回到重庆后发表长篇通讯《延安一月》。对陕甘宁边区三三制实行情况进行了报道。文中写道：“许多人怀疑共产党对于三三制的诚意，以为他们干这一套只是掩人耳目的把戏。这是错的，我可以说，共产党施行三三制，并非假的，因为依它的力

①《陕甘宁边区抗日民主根据地》（回忆录卷），中共党史资料出版社 1990 年版，第 497 页。
②《陕甘宁边区抗日民主根据地》（回忆录卷），中共党史资料出版社 1990 年版，第 497 页。
③《谢觉哉传》，人民出版社 1984 年版，第 146 页。

量，它本来可以包办，而今确然有不少党外人士参加行政工作，例如‘边区政府’副主席李鼎铭，是米脂富绅，建设厅长霍子乐，教育厅长柳湜，副厅长贺连城，参议会副参议长文安钦，都是有名的党外人物。这不能不算是共产党对于自己的约束。”①

共产党人在抗日民族统一战线工作中，建立起一种新的工作作风，这种作风就是具有为民族利益而牺牲的无上真诚、最高热情与英勇气概，以身作则的为人民模范，以坚定的立场遵守党的主张，而以诚恳的态度对待同盟者，以学习的精神深入群众，而以自我批评的精神监督自己。

“三三制”的实行，有力团结争取了中间力量共同抗日，既回应了国民党“一个主义、一个领袖、一个政党”的专制统治思想，使中共在抗日根据地的政权建设中高高擎起了民主政治的旗帜，同时也极大巩固了中国共产党领导的抗日民族统一战线。

四、历史局势渐明朗　联合政府开新篇

1945 年是世界反法西斯战争的最后一年，也是中国抗日战争的最后一年。这年上半年，战争局势已渐趋明朗。抗战胜利后，中国向何处去？是和平建国，还是进行内战？这关系着中国人民的前途命运。1945 年 4 月 23 日，中国共产党第七次全国代表大会在延安召开。同年 5 月 5 日，中国国民党在重庆召开六大。在这历史转折的重要关头，国共两党几乎同时把目光聚焦到战后中国的政治走向上来。

中国共产党明确提出结束一党专政、成立民主联合政府。在中共六届七中全会上，毛泽东指出，全国总的任务是建立“统一中国一切力量的民主的联合政府”。在中共七大上，毛泽东所作的政治报告题目就是《论联合政府》。之所以用这个题目，用毛泽东自己的话讲，那就是中国应否成立民主的联合政府，这已经成为中国人民和同盟国民主舆论界十分关心的问题。因此，他将

① 赵超构：《延安一月》，上海书店 1992 年版，第 230 页。

1945年，中国共产党第七次全国代表大会在延安召开

在中共七大的政治报告中着重对该问题进行说明。毛泽东尖锐地指出，国民党召开的所谓“国民大会”，事实上是在“政治解决”的烟幕之下，偷偷摸摸进行其内战的准备工作。若国人不加注意，不去揭露和阻止这一阴谋，“那末，会有一个早上，要听到内战的炮声的。”[①] 在七大的口头政治报告中，毛泽东提出要对蒋介石实行洗脸政策。他说：“我们曾经设想过改造国民党，这件事似曾犯过错误，就是说这个估计不确当，没能照那时候我们所设想的做，国民党并未改造。应当说，要改造它并没有错误，但是

①《毛泽东选集》第3卷，人民出版社1991年版，第1051页。

1945年8月28日，毛泽东等人飞抵重庆

它不听你的。”“直到今天，我们还是请他洗脸，不割他的头。”“请他修改他那个错误政策。至于他洗不洗？还要看，今天他不洗，到明天洗不洗呢？”[①]

国民党坚持一党专政，企图在战后消灭共产党。抗日战争期间，在与共产党合作抗日的同时，蒋介石始终把共产党视为心腹大患，处心积虑要在抗战过程中削弱、合并乃至伺机清除共产党，为此掀起过三次反共高潮。在抗战胜利后，蒋介石仍然一意孤行，

①《毛泽东文集》第3卷，人民出版社1996年版，第311—312页。

坚持对共产党“除之而后快”以维持其一党专政、独裁统治的地位。他在这年1月的日记中写道：“共匪骄横猖狂，鼓吹党派会议、国是会议与联合政府谬论，中央概置不理。”[①]在国民党六大结束的第二天，蒋介石在对参加大会的军队代表讲话时更是坦率指出：“共产党的武力和国家比较起来是不可同日而语的。他现在号称有多少正规军，多少游击队，占领多少地区，其实都是乌合之众，不堪一击。”[②]这些杀气腾腾的话，无疑在抗战胜利前夜已在向他的将领们进行内战动员。

回顾历史，建立联合政府的主张，虽然由于国民党的阶级性质，最终未能实现。但它的提出，对于扩大中国共产党的政治影响，特别是争取包括中国民主同盟在内的广大民主党派与中国共产党结成紧密的统一战线、孤立蒋介石集团发挥了重要作用。

关于联合政府主张的提出大大提高了以民盟为代表的民主党派的政治地位。中共七大明确宣布，应“立即宣布废止国民党一党专政，成立一个由国民党、共产党、民主同盟和无党无派分子的代表人物联合组成的临时的中央政府，发布一个民主的施政纲领，如同我们在前面提出的那些中国人民的现时要求，以便恢复民族团结，打败日本侵略者。”[③]这就将民盟放到与国共两党同等重要的地位，极大地扩大了民盟的社会影响。蒋介石是靠枪杆子起家的，十分迷信武力，他之所以一直将共产党视为心腹大患，一个重要原因就是共产党手中掌握了武装，用毛泽东的话说，共产党不是“文化团体”，而是“武化团体”。蒋介石承认共产党合法地位的预设前提是交出军队，放弃解放区，即实现国家民主化必须先做到军队国家化。

历史教育了中国共产党。第一次国共合作与大革命的失败，使中共深知“枪杆子里面出政权”“以斗争求团结则团结存”的深刻道理。没有军队就没有共产党的地位，这也是共产党有底气

①《蒋介石日记（1945年1月31日）》，转引自金冲及：《抗战期间国共合作中的联合与斗争（三）》，《中共党史研究》2015年第9期，第46页。

②金冲及：《抗战期间国共合作中的联合与斗争（三）》，《中共党史研究》2015年第9期。

③《毛泽东选集》第3卷，人民出版社1991年版，第1067页。

提出建立联合政府主张的重要原因。民盟成立的时间不是很长，成员也不是很多，尤其民盟是以知识分子为主体的组织，手中没有武装力量，是地地道道的“文化团体”。但是，中共提出建立联合政府，并没有忘记国共之外以民盟为代表的第三方的利益，强调要建立的联合政府并不只是国共两党的联合，而是包括民盟及无党无派代表人物在内具有广泛代表性的政府。这就表明，与蒋介石只考虑国民党的一党私利相比，共产党充分考虑了同盟者的利益。正如毛泽东后来在总结中国革命的经验时所指出的：“共产党要实现领导需要两个条件：第一要率领被领导者向着共同敌人做坚决的斗争，第二要给被领导者以物质福利，至少不损害其利益，同时要给以政治教育。”联合政府主张是完全符合民盟等民主党派的利益的，使他们与中国共产党的合作有了共同的政治基础。①

联合政府的主张，本是挽救国民党政治生命的一剂良药。经过抗日战争，共产党不但没有被削弱反而得到了大发展，以民盟为代表的民主党派也因抗战而崛起。在这样的情况下，蒋介石仍不放弃一党专政与个人独裁，并且企图以战争的方式消灭共产党与人民军队。问题是，经过多年战争，人民真心希望有一个和平的环境休养生息，不再有战争了。蒋介石的战争政策，就在全国人民面前输了理，实际上把国民党带入了没有出路的死胡同。

中国共产党基于自身的革命性、先进性和代表性，能够整合中国社会各阶层、各党派、各人民团体的力量，担负起中国现代国家建设的使命。而以蒋介石为代表的国民党利益集团，站在极少数人的利益的立场上顽固坚持其一党专政，不愿意“洗脸”接受联合政府的主张，反而发动全面战争，中国共产党也只能号召全国人民团结起来打倒蒋介石。

中国共产党建立联合政府的主张使蒋介石陷入了极为被动的境地。如果接受这一主张，意味着必须结束国民党一党专政，

---

① 罗平汉：《从联合政府主张看中国共产党斗争艺术的成熟》，《中共中央党校（国家行政学院）学报》2020 年第 5 期。

他本人也无法实行个人独裁，而没有了一党专政的国民党，如果不进行实质性的改造，就必将被历史无情地淘汰，这恰恰是将其统治建立在一党专政和个人独裁基础上的蒋介石不愿意看到的；而拒绝联合政府主张，又违背国人日益高涨的要求民主政治的意愿，将原本持中间立场的包括民盟在内的第三方力量置于自己的对立面，为中国共产党制造出可靠的同盟军。

1948 年 4 月 30 日，中共中央发出纪念五一劳动节口号，号召召开没有反动分子参加的政治协商会议，筹建民主联合政府时，很快得到了包括民盟在内的各民主党派的积极响应。中国共产党领导的多党合作与政治协商制度的形成，与建立联合政府的口号是有内在联系的。建立联合政府是中国共产党与各民主党派团结合作的重要政治基础，是中国共产党与各民主党派团结合作的最大公约数。因此，联合政府主张的提出为中国共产党在国共斗争中赢得了主动。

综上，延安时期，在民族危机空前严重的历史关头，以毛泽东为代表的中国共产党人，把马克思主义统一战线理论与中国革命实践相结合，坚持一切从实际出发，在领导创建、巩固发展抗日民族统一战线过程中，制定了一整套方针策略，以高超的智慧和毅力对国民党进行了坚决而适度的斗争，有效地阻止了抗日阵营内大地主、大资产阶级的妥协动摇倾向，巩固和壮大了抗日民族统一战线，也从根本上捍卫了中华民族的根本利益。

第二章 联合党外人士 共同奋斗

党外人士是指中共以外的各民主党派、无党派人士中具有广泛影响和广泛代表性的各界人士。对于党外人士这一有较强参政议政能力的代表性人士，历来都是中国共产党十分重视的统战对象，对党外人士的统战工作在党和国家事业发展的各个历史时期都发挥了重要作用。延安时期，毛泽东明确指出："我们的同志必须懂得一条真理：共产党员和党外人员相比较，无论何时都是占少数。"我们必须学会团结，与党外人士精诚合作，"如果不同党外干部、党外人员互相联合，敌人就一定不能打倒，革命的目的就一定不能达到。"[①] 在这一思想的指导下，共产党积极开展针对党外人士的统战工作，团结了一大批如张学良、杨虎城、陈嘉庚、李鼎铭、黄炎培等爱国民主人士，有力地推动了抗战胜利，充分彰显了中国共产党在全民族抗战中的中流砥柱作用。

一、联合张杨卫家国　西安事变翻危局

在历史的长河中，豪杰林立、英雄辈出。有人因精湛的军事技能和非凡的组织才能出类拔萃，带领万千战士冲锋陷阵、奋勇杀敌，在抗战史上留下一个个传奇，也有人因高超的谈判技巧和处世之道扭转战局，运筹帷幄，书写了一段段统战佳话。1936年12月12日，发生了震惊中外的西安事变，主导这一事件的两位英雄人物正是国民党高级将领——张学良、杨虎城。为了国家和人民的前途和命运，为了唤醒沉睡着的国民党，为了建立抗日民族统一战线，时任西北"剿总"副司令的张学良和第十七路军总指挥、西安绥靖公署主任杨虎城率领东北军、十七路军，发动"兵谏"，用武力扣留了正在西安视察、部署、准备对红军进行大规模围剿的蒋介石。美国著名记者埃德加·斯诺这样评价西安事变：它"在历史的大峡谷上"完成了一次"大跳跃"[②]，是一

①《毛泽东选集》第3卷，人民出版社1991年版，第826页。

②［美］埃德加·斯诺著，董乐山译：《红星照耀中国》，人民文学出版社2016年版，第452页。

场“惊险好戏”[1]。

这场“好戏”的“导演”正是两位著名爱国将领——张学良和杨虎城。

张学良

张学良（1901—2001），字汉卿，生于辽宁省鞍山市台安县桓洞镇鄂家村张家窝堡屯，国民革命军将领，奉系军阀首领张作霖的长子，中国近代著名爱国将领。1920年毕业于东三省陆军讲武堂，先于奉系军中担任要职，1928年6月4日日本关东军谋杀了其父（中华民国陆海军大元帅、奉系军阀首领）张作霖，史称“皇姑屯事件”。之后，他继任为东北保安军总司令，拒绝日本人的拉拢，同年12月29日通电全国，宣布遵守三民主义，服从以蒋介石为首的南京国民政府，并在东北各省同时降下北洋政府的五色旗，换成南京国民政府的青天白日满地红旗。张学良“东北易帜”标志着北洋政府统治正式结束，北伐战争落下帷幕，南京国民政府完成形式上的统一。易帜后张学良任中华民国陆海空军副司令，陆军一级上将。虽归顺国民党政府，但张学良一直积极主张抗日，反对发动内战。1936年12月12日，经过深思熟虑，他同杨虎城将军一起发动了震惊中外的西安事变，促成了国共第二次合作，推动了抗日民族统一战线的形成。西安事变后，张学良遭蒋介石父子长期软禁，直到1990年才恢复了自由，1995年起离台侨居美国夏威夷，2001年10月14日病逝于檀香山，享年101岁。

杨虎城

杨虎城（1893—1949），民国陕军将领，出生于陕西蒲城，家境贫寒，父亲惨被清朝政府杀害，自幼看尽清廷腐败无能，一生主张正义、疾恶如仇。1915年率众参加陕西护国军反对袁世凯的革命运动，1917年，参加由于右任领导的一支武装力量——靖国军，

① ［美］埃德加·斯诺著，董乐山译：《红星照耀中国》，人民文学出版社2016年版，第416页。

1924年参加国民党，拥护孙中山联俄、联共、扶助农工三大政策，先后担任了师长、军长、第十七路军总指挥、陆军二级上将、陕西省政府主席、西安绥靖公署主任和国民党中央监察委员等职，势力遍布陕甘两省绝大部分地区。因不满蒋介石“攘外必先安内”的政策，杨虎城在九一八事变发生后的第五天，便发表了《杨虎城泣告全国书》，是国民党内第一位发出抗日要求的高级将领，此后，他多次表达抗日决心，保护学生爱国运动。1936年12月12日，他同张学良一道发动兵谏，策划实施了西安事变。事变之后被迫辞职前往“欧洲考察访问”。回国后，被蒋介石秘密囚禁长达十二年之久，1949年9月6日新中国成立前夕，蒋介石下令将其杀害，终年56岁。

杨虎城24岁时曾赋诗一首：“西北山高水又长，男儿岂能老故乡，黄河后浪推前浪，跳上浪头干一场。”[①] 诗中饱含着杨虎城舍我其谁、英勇无畏的英雄气概，更体现了青年杨虎城保家卫国的坚定决心和建功立业的壮志雄心。

九一八事变后，以张学良为首的东北将领们联合声明，保卫热河，坚决抗战，但因为蒋介石的“不抵抗政策”和敌我双方军事力量对比悬殊等诸多原因，1933年3月4日，热河失守，东北沦陷，张学良被迫辞职下野出国。然而随着国内局势的风云变幻，一面是日本侵略军的不断深入，一面是中国工农红军的实力不断扩大，蒋介石为了应对国内时局，于1934年初将张学良召唤回国，2月下旬任命其为豫鄂皖三省剿总副总司令，后又兼任武昌行营主任，统一指挥鄂豫皖三省围剿红军战事。“围剿”红二十五军的行动失败后，为加紧“剿共”计划，1935年4月，蒋介石撤销了鄂豫皖三省剿总司令部，设立了“西北剿匪总司令部”，命令张学良率领东北军入陕，并担任西北剿总副总司令兼代总司令。由此，进入陕西的东北军在陕扎根多年，与第十七路军总指挥杨虎城以及中国共产党领导的工农红军形成了“三足鼎立”的局面。

---

① 中国中共党史人物研究会编：《中共党史人物传》精选本3，中共党史出版社2010年版，第293页。

与此同时，1935年7月25日至8月20日，共产国际召开七大，决定建立世界范围的广泛的反法西斯统一战线。同年12月12日，中共中央政治局召开瓦窑堡会议，会议通过了建立抗日民族统一战线策略的总路线，并在全国范围内着力开展统战工作，把红军的活动与全国的工人、农民、学生、小资产阶级等一切活动会合起来，以调动一切积极力量共同抗日。以周恩来、叶剑英为代表的中国共产党高层领导也提出要联合在陕的东北军和第十七路军，争取一切力量，动员他们共同抗日。此后，周恩来等人与张学良和杨虎城两位国民党高级将领多次进行秘密接触，希望张学良、杨虎城可以从民族大义出发，停止对红军的围剿，共同抗日，和平相处。在中国共产党的多方努力之下，陕西呈现出红军、东北军、第十七路军和平共处的局面。

心中的爱国情，胸中的报国志使张学良、杨虎城二人联合起来，是发动兵谏、逼蒋抗日的共同思想基础。一边是日本侵略的不断加深，另一边蒋介石却仍然继续坚持"攘外必先安内"的政策，连电张学良加紧"剿匪"，令张、杨二人十分失望。于是，满怀报国热情、立志保家卫国的张学良和杨虎城联合起来，发动了载入史册的"西安事变"。1936年12月11日晚，张学良和杨虎城分别召见东北军和第十七路军高级将领，宣布了第二天清晨进行兵谏的命令。12月12日凌晨5时，张学良、杨虎城发动兵谏，东北军到临潼的华清池捉蒋，蒋从卧室窗户跳出，摔伤后背，躲在一块大石头后面，被发现并活捉，十七路军还扣留了在西安的陈诚、邵力子、蒋鼎文、陈调元、卫立煌、朱绍良等国民党军政要员。至此，西安事变爆发。

兵谏之后，张学良和杨虎城立即通电全国，提出著名的救国八项主张：

（一）改组南京政府，容纳各党各派共同负责救国；（二）停止一切内战；（三）立即释放上海被捕之爱国领袖；（四）释放全国一切政治犯；（五）开放民众爱国运动；（六）保障人民

1

西北文化日報

中華民國二十五年十二月十三日

全國民衆迫切要求

爭取中華民族生存
張楊昨發動對蔣兵諫
通電全國發表救國主張八項
改組南京政府容納各黨各派

卅萬民衆歡騰鼓舞擁護民族解放運動

救亡領袖
◀張學良將軍▶

救亡領袖
◀楊虎城將軍▶

張楊等通電全國
▲發表救國主張

西安各救亡

2

1_

西安事变旧址——“兵谏亭”

2_

1936年12月13日，《西北文化日报》报道西安事变的消息

集会结社一切之政治自由；（七）确实遵行孙总理遗嘱；（八）立即召开救国会议。[①]

西安事变震惊了全世界。当时，“处决蒋介石，报仇申大冤”成为苏区军民的共同诉求，中共中央机关报《红色中华》刊发社论指出：蒋介石“十年反革命，五年卖国”，必须枪毙以谢罪天下。而中国共产党却始终以大局为重，深谋远虑，从国家和民族的根本利益出发，提出了和平解决西安事变的主张。毛泽东曾讲：“蒋介石的头杀不得，杀了头，日本鬼子高兴，亲日派高兴，中国就要发生大规模内战，给日本帝国主义大举入侵中国以可乘之机。让他答应我们提出的条件而放之，就叫逼蒋抗日嘛！”[②]如果他不抗日，共产党不答应，全国人民不答应，全世界同情中国人民的国际反法西斯阵营也不答应！

于是，中国共产党迅速制定了和平解决这一事变的方针，并应张学良、杨虎城的邀请，派周恩来、博古、叶剑英等人赴西安谈判，迫使蒋介石接受停止内战、联共抗日等六项条件。为促进国共第二次合作，1937 年 2 月 10 日中共中央又致电国民党五届三中全会，提出五项要求：停止内战，一致对外；保障言论、集会、结社之自由，释放一切政治犯；召开各党各派各界各军的代表会议，集中全国人才共同救国；迅速完成对日作战之一切准备工作；改善人民生活。同时提出四项保证：如果国民党将上述五项要求定为国策，共产党愿保证在全国范围内停止推翻国民党政府的武装暴动方针；苏维埃政府改名为中华民国特区政府，红军改名为国民革命军；特区实行彻底的民主制度；停止没收地主土地的政策，坚决执行抗日民族统一战线的共同纲领。

1937 年 2 月中旬至 7 月中旬，中国共产党代表周恩来、博古、叶剑英、林伯渠等与国民党代表蒋介石、宋子文、顾祝同等，先后在西安、杭州、庐山进行了多次关于国共两党合作抗日的谈判。

---

① 中央档案馆编：《中国共产党关于西安事变档案史料选编》，中国档案出版社 1997 年版，第 402 页。

② 延安市政协文史与学习委员会编：《延安岁月》（下），陕西人民出版社 2008 年版，第 277 页。

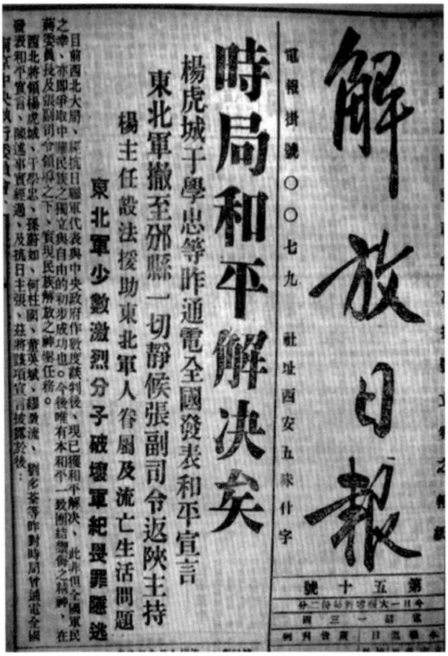

解放日報

電報掛號〇〇七九

社址西安五味什字

第五十號

時局和平解決矣

楊虎城于學忠等昨通電全國發表和平宣言

東北軍撤至邠縣一切靜候張副司令返陝主持

楊主任設法援助東北軍人眷屬及流亡生活問題

東北軍少數激烈分子破壞軍紀畏罪隱逃

目前西北大局、經抗日聯軍代表與中央政府作數度談判後、現已獲和平解決、此非但全國軍民之幸、亦即爭取中華民族之獨立與自由的初步成功也。今後唯有本和平一致團結禦侮之精神、在蔣委員長及張副司令領導之下、實現民族解放之神聖任務。

西北將領楊虎城、于學忠、孫蔚如、何柱國、黃英斌、繆澂流、劉多荃等昨對時局曾通電全國發表和平宣言、陳述事實經過、及抗日主張、茲將該項宣言披露於後：

《解放日报》报道西安事变和平解决

但因国民党方面坚持取消共产党组织上的独立性，取消红军，取消革命根据地的主张，双方没有达成协议。

1937年7月7日，日本侵略军向北平西南的卢沟桥发动进攻，制造了震惊中外的卢沟桥事变。事变第二天，中共中央发表《为日军进攻卢沟桥通电》，向全国同胞们大声疾呼：“平津危急！华北危急！中华民族危急！只有全民族实行抗战，才是我们的出路！我们要求立刻给进攻的日军以坚决的反攻，并立刻准备应付新的大事变。全国上下立刻放弃任何与日寇和平苟安的希望与估计。”[①]7月15日，中共中央将《为公布国共合作宣言》送交蒋介石。《宣言》向全国同胞提出了发动全民族抗战、实行民主政治和改善人民生活等三项“总的目标”，重申中国共产党为实现国共合作的四项保证。17日，中国共产党代表周恩来等在庐山与蒋介石继续谈判。同天，蒋介石发表了准备抗战的谈话：“如果战端一开，那就是地无分南北，人无分老幼，无论何人，皆有守土抗战之责，皆抱定牺牲一切之决心。我们只有牺牲到底，抗战到底，惟有牺牲的决心，才能博得最后的胜利！”[②]

1937年8月13日，日军在上海制造了震惊中外的八一三事变，向华中发动了进攻。8月14日，国民政府发表《自卫抗战声明书》。8月中旬，中国共产党代表周恩来、朱德、叶剑英同蒋介石等就发表中国共产党宣言和改编红军问题，在南京举行第五次谈判。8月22日，国民政府宣布中国工农红军主力部队改编为国民革命军第八路军，简称八路军。8月25日，中共中央军委发布命令，将红军第一、二、四方面军和西北红军改编为国民革命军第八路军，朱德任总指挥，彭德怀任副总指挥（从9月11日起，按战斗序列又称第十八集团军，朱德、彭德怀改称正、副总司令），叶剑英任参谋长，左权任副参谋长，任弼时任政治部主任，邓小平任政治部副主任。下辖3个师：第一一五师林彪任师长，聂荣臻任副师长；第一二〇师贺龙任师长，萧克任副师长；第一二九师刘伯承任师长，徐向前任副师长。全军共4.6万人。改编后，主力开赴华北前线作战。1937年7月15日，中共中央代表周恩来向国民党提交了《中共中央为公布国共合作宣言》，提出了发动全民族抗战、实行民权政治和改善人民生活等三项政治主张，作为国共合作的总纲领和全国人民的共同奋斗目标。9月22日，在共产党的催促下，国民党终于通过中央通讯社发表了《中共中央为公布国共合作宣言》。23日，蒋介石发表《对中国共产党宣言的谈话》，事实上承认了中国共产党在全

① 中央档案馆：《中共中央文件选集》第11册，中共中央党校出版社1991年版，第274—275页。

②《简明中共党史辞典》（1921—2012），新华出版社2012年版，第57页。

西安事变纪念馆展厅内张学良和杨虎城头像

国的合法地位。至此，以国共两党为基础的抗日民族统一战线正式形成，第二次国共合作拉开序幕。

张学良、杨虎城两位将军始终以民族大义为重，早已将个人生死置之度外。扣押蒋介石，对他们自己来说是非常危险的，因为这种试图用军事手段迫使最高当权者改变政治路线的行动，具有军事政变的性质。张学良为此遭受了 55 年的软禁，杨虎城尤为悲惨，一家四口殉难。也正因为如此，对张学良和杨虎城两位将军，我们党始终怀着特殊的尊重与感激之情。2009 年 9 月，新中国成立60周年到来之际，为大力弘扬爱国主义精神，纪念为民族独立和人民解放作出突出贡献的英烈，中共中央宣传部、组织部等11个部门联合组织开展评选出“100位为新中国成立作出突出贡献的英雄模范人物”，张学良和杨虎城也位列其中，这无疑是党和人民对他们最崇高的敬意与最深沉的纪念。

二、华侨旗帜陈嘉庚　寄望延安守光明

华侨是中华民族大家庭的重要组成部分。虽常年旅居在外，但他们始终心系祖国，与祖国和人民同呼吸共命运。抗日战争时期，大批爱国华侨前赴后继，无私奉献，为支持祖国的抗战事业慷慨解囊，捐资捐物，为抗战胜利作出了不可磨灭的贡献。陈嘉庚就是众多爱国华侨的杰出代表，毛泽东称赞他为“华侨旗帜、民族光辉”。

陈嘉庚

陈嘉庚（1874—1961），福建厦门人，杰出的华侨实业家、教育事业家、慈善家和社会活动家，著名的爱国华侨领袖。1891年，17岁的陈嘉庚远渡重洋前往新加坡谋生。经过不懈地努力打拼与积累，陈嘉庚开始在南洋创办实业。他所创办的橡胶公司在巅峰时期，代理商遍布世界五大洲，被称为南洋“橡胶大王”。但陈嘉庚兴办实业，并非为个人私利，不图腰缠万贯，只求以此报效桑梓、富强祖国。正如他自己所说：“立志一生，所获财利，概办教育，为社会服务，虽屡遭困难，未尝一日忘怀。”因此，在缔造实业王国的同时，他以商养学，开创了倾资兴学的伟业。1913年，陈嘉庚返回家乡集美，先后创办了多所学校，构建了包括幼稚园、小学、中学、女子师范、幼稚师范、水产、商科、农林部、国学部等在内的完整教育体系。据统计，陈嘉庚一生资助或创办的学校有118所。1919年他捐助兴办厦门大学时，公开认捐金额是其当年资产总额的两倍。有人测算，陈嘉庚一生

对教育事业的捐款，在现代相当于一亿美元。

而陈嘉庚更值得让世人铭记的历史功绩是他致力于团结海外华侨，一生都不遗余力地支援祖国救亡图存。虽久客南洋，但陈嘉庚从未忘记在祖国的同胞们，心中时刻牵挂着祖国，牵挂着在战火硝烟中颠沛流离的中国人民。他认为，“有志华侨自当投资祖国，裨益国计民生。”[①]他凭借自身在海外的影响力，多次召集海外华侨为祖国捐资筹物，有力支援了祖国抗战。

1928 年 2 月，蒋、桂、冯、阎联合发动了与张作霖争夺东北的战争。4 月，蒋介石军队北进。为阻止英、美势力向北发展，5 月 3 日，日本侵略者在山东济南向国民党军发动进攻。由于蒋介石一味妥协退让并下达不抵抗命令，大量中国军民遭到屠杀。这次惨案，日军杀死 1 万余名中国人，中国政府所派交涉人员也被枪杀，激起全中国人民的极大愤慨。

“济南惨案”发生后，陈嘉庚义愤填膺，毅然出面领导“山东筹赈会”，这是他第一次公开反对日本军国主义的主要政治表现。1937 年卢沟桥事变爆发后，陈嘉庚随即于 8 月 15 日在新加坡召开侨民大会，10 月 10 日，他带领南洋 800 万华侨于新加坡成立了抗日救国统一组织——“南洋华侨筹赈祖国难民总会”。他在成立大会上号召华侨“惟精诚始足以言团结，惟团结始足以言力量。精诚充，则团结未有不固；团结固，则力量未有不宏。愿我八百万同胞自今日起，充大精诚，固大团结，宏大力量，以为我政府后盾，则抗战断无不胜，建国断无不成。”[②]他还说，若是侨民“悲观畏缩，见义不为，如富人有钱不出，减少抗战经济力量，于祖国为不忠！”[③]这番言语中将陈嘉庚的爱国情表现得淋漓尽致，试问，谁人看不出他的一片赤子之心？谁又不认他是南洋华侨的领袖？

“盖国家之大患一日不能除，则国民之大责一日不能卸；前

---

① 陈嘉庚：《南侨回忆录》，上海三联书店 2014 年版，第 135 页。

② 陈嘉庚：《南侨回忆录》，上海三联书店 2014 年版，第 60 页。

③ 陈嘉庚：《南侨回忆录》，上海三联书店 2014 年版，第 55 页。

方之炮火一日不能止，则后方之刍粟一日不能停。”[①]这是陈嘉庚对自己的要求，也是对一众华侨的希冀。为了抗日筹赈，陈嘉庚“常月捐至战事终止，每月国币两仟元。”[②]常年不间断为国捐款捐物，丰厚家产基本全都奉献了祖国，他一生都保持勤俭节约的作风，一个月的花费，也仅有几元钱而已。据不完全统计，自 1937 年至 1945 年，在他的组织带领下，华侨捐款达 13 亿多元（国币），还不包含各类物资捐款，其中南洋华侨捐献比例最大，有力支援了祖国抗战。[③]

1938 年，陈嘉庚在南洋华侨筹赈祖国难民总会上发表了慷慨激昂的演讲，他号召全体侨胞团结起来，为国内抗战竭尽所能，倾囊相助，共赴国难。那时的陈嘉庚和很多国民一样，他们都坚信国民党能救国民于水火之中。但由于久居国外，他们不清楚国内的政治形势，对共产党的了解更是“虽屡有风闻而未知其事实究竟如何”[④]。

对陈嘉庚来说，他对共产党的深入了解和对国民党态度的转变均发生在 1940 年。1939 年冬，蒋介石在天水行营发布了《关于陕甘宁边区国共摩擦情况的报告》，引起海外爱国华侨的不安。为了了解实际情况，也为了看望在国内奋战的南洋华侨，时年 65 岁的陈嘉庚决定组织并亲率“南洋华侨回国慰劳考察团”回国考察。1940 年 3 月 26 日，陈嘉庚一行五十余人抵达重庆进行考察。因为常年为抗战捐资捐物，国民党一直将陈嘉庚视为“财神”，因此，对考察团一行的到来高度“重视”，一心想给予“最尊贵的礼遇”。

殊不知，为欢迎考察团一行来访，国民党下拨专款，精心安排他们的食宿，可是陈嘉庚知道后反感至极。他认为，在国家危亡、无数战士血洒战场之时，全国上下理应团结一心共克时艰，而非大肆铺张，浪费国库，给百姓徒增无谓的负担。为避免此类

① 陈嘉庚：《南侨回忆录》，上海三联书店 2014 年版，第 59 页。

② 陈嘉庚：《南侨回忆录》，上海三联书店 2014 年版，第 45 页。

③ 蔡怡琳：《陈嘉庚的爱国情操》，《中国纪检监察报》2020 年 9 月 3 日第 7 版。

④ 陈嘉庚：《南侨回忆录》，上海三联书店 2014 年版，第 3 页。

南洋华侨回国慰劳团合影

事件再次发生，他专门在重庆各报刊登《启事》一则，大意为："闻政府筹备巨费，招待慰劳团，余实深感谢。然慰劳团一切用费已充分带来，不欲消耗政府或民众招待之费，愿实践新生活节约条件，且在此抗战中艰难困苦时期，尤当极力节省无谓应酬，免致多延日子阻碍工作，希望政府及社会原谅。"[①]陈嘉庚的这一番"启事"字字含有爱国之情，不愿扰民之心，让国内人民深深地感受到了这位爱国华侨艰苦朴素、一心为民的作风。

当蒋介石在成都宴请陈嘉庚的时候，问他还要前往何处，答曰："兰州西安。"因其想深入考察国共关系，也为了亲自慰劳前线战士，他还表示，"延安如有车可通亦要往。"谁知，蒋介石听后大骂共产党，说共产党"无民族思想，及种种口是心非，背义无信"，并且还提醒陈嘉庚前往延安切勿"受欺骗也"[②]。

① 陈嘉庚：《南侨回忆录》，上海三联书店 2014 年版，第 103 页。

② 陈嘉庚：《南侨回忆录》，上海三联书店 2014 年版，第 140 页。

对于蒋介石对共产党的谩骂，陈嘉庚并未多言。虽然没有阻止陈嘉庚访问延安，可是蒋介石却在背地里用各种小动作进行阻碍，避免他与共产党人私下接触。陈嘉庚在《南侨回忆录》中写到，在何处都有人“尾随”，监视其一举一动。但是此后，国民党熊式辉主席在江西接待陈嘉庚时，虽未像蒋介石一样破口大骂，但言语之间谈到了共产党在江西活动时对百姓民生的恶劣影响，这次他回应道：

熊主席所言江西民众，遭共产党惨况，余信为事实，彼此在此区域作战场五六年，损失重大，势所必然。南洋新加坡报纸日出六大张，不似重庆首都日只出一小张，故国内消息，在洋多有转载，共产党扰乱事情知之已久，毋须待到国内方始闻知。然此系前时国内政争，及军阀割据地盘事，海外华侨绝不干预。迨七七事变，敌人侵入将吞灭我国，国家危险尽人都知。南洋千余万华侨，无党无派，一心一德，拥护中央政府。希望国内团结一致，枪口对外，俾可转危为安，故尽绵力贡献义捐，逐月六七百万元，汇交行政院，三年如一日。其他家信、外汇，亦增加不少。盖战争须靠人力金钱，而金钱方面，海外华侨当负大部分责任。组织慰劳团回国，无非欲中外联络，鼓励民气，提高爱国，俾回洋宣布，增多外汇，以助战费，绝非游历骋怀与及为一党关系而来。况余居第三者地位，不能凭一派人所言，及宣传品记载，便可回报华侨，故必身履其地，将所见所闻，凭良心与人格，回洋据实报告。虽在国内有人问及，亦必如是，决不能指鹿为马。而重庆乃有一部分人不满，向蒋委员长唆弄，以余受共产党包围，且发电西南等省对余注意。此事余在长沙，薛主席已经电示。然余素与共党，绝未有一字往来，亦未曾供给一文钱，此次代表南侨回国，只身行十多省，绝无丝毫权力，与做客无殊，乃有畏余若蛇蝎者。余所希望国内须能一致，枪口对外，华侨外汇金钱方能增加，若不幸破裂，华侨必大失望，阻碍外汇决非少可。阎锡山将军告余云，国民党政治如行得好，共产党自然消失。否则，虽无共产党反对，亦必有别党可起而反对。余认为金石良言，真诚爱国，钦佩无任云云。①

陈嘉庚一席话令国民党羞愧不已。他公正客观、实事求是地讲到了此行之目的，以及共产党在抗日战争中的重要作用，并希望国民党能真心放下成见，与共产党精诚合作。

其实，陈嘉庚对共产党并非一无所知。起初，通过好友张楚琨赠予的《西行漫记》，陈嘉庚对中国共产党有了初步的印象。此次在渝期间，中共负责人董必武、叶剑英等，特意拜访并赠送陕北出产的羊皮袄三件。他们还邀请陈嘉庚参加中共驻重庆办事处举行的欢迎茶会。几次接触下来，印象很深，陈嘉庚感觉中国共产党并不是不近人情、嚣张跋扈等如国民党所说那般“可怕”。甚至和国民党官员相比，中共这些人反而真性情、坦荡磊落、勤俭质朴，他开始期待考察延安成行。

5月30日晨，陈嘉庚在秘书李铁民、南侨总会常委侯西反等陪同下分乘三辆汽车，由西安出发，第二天早八时到中部县（今黄陵县），拜谒黄帝陵。31日，他终于如愿抵达延安，并进行了为期八天的考察访问。

陈嘉庚一行抵达延安，受到了中共中央、陕甘宁边区政府、归国华侨留延办事处、各团体以及延安群众5000多人的热烈欢迎，其中华侨青年聚在一起，举着欢迎横幅和“华侨留延办事处”的标志，站在群众队伍的最前面，他们大喊“欢迎陈嘉庚先生莅临延安”等口号，他们的热情与真诚令陈嘉庚十分感动。陈嘉庚也发表了激情洋溢的演讲，他讲道：这次回国是代表一千一百万南洋侨胞向祖国致敬，慰劳团的任务有二，一是慰劳前方将士，二是考察后方生产建设情形。陈嘉庚还号召延安军民团结一心，坚持抗战，为着民族独立和国家统一的目标奋勇前进！八天的时间，陈嘉庚见到了一个与传说中不一样的中国共产党，尤其与毛泽东的亲密接触，也让他见识到了中国共产党人“与众不同”

① 陈嘉庚：《南侨回忆录》，上海三联书店2014年版，第229—230页。

1

2

1_
1940 年 5 月 31 日，陈嘉庚一行抵达延安
2_
延安各界热烈欢迎陈嘉庚先生

的工作作风。

在与毛泽东见面时，他曾与之有过如下对话：

下午四点钟，余与侯君乘车赴毛主席之约，到时毛君已在门外迎接。其住居与办事所亦是山洞，大小与余寓略同。屋内十余只木椅，大小高下不一，写字木桌比学生桌较大，系旧式乡村民用家私，盖甚简单也。毛君形象容貌，与日报所载无殊，唯头发颇长，据言多病，已两月未剪去，或系住洞内寒冷所致。余言："何不另建住屋，敌机如来可进洞内。"答："亦有此打算。"又言他办公事多在夜时，鸡鸣后始睡，故日间须下午乃起床。余云："何不改日间工作，身体或可健康。"答："十多年如是，已成习惯。"①

言语过后，毛泽东在自家院子里与陈嘉庚进行了十分简朴的餐食。这里的一砖一瓦无不让他感叹中国共产党生存环境的艰难困苦，简朴的一粥一菜无不让他赞扬中国共产党人的勤俭节约，毛泽东的一言一行更让他敬佩中国共产党人在如此艰苦环境中仍能保持积极乐观！想起在重庆的所见所闻，个中巨大反差让陈嘉庚对中国共产党有了更加清楚的认识。后来，他在《南侨回忆录》的序言中写到，访问延安期间，备受中共影响，认为重庆"虚浮之实，绝无一项稍感满意"，延安则"勤劳诚朴，忠勇奉公，务以利民福国为前提，并实行民主化，在收复区诸乡村，推广实施，与民众辛苦协作，同仇敌忾，奠胜利维新之基础"②。

6 月 7 日晚，中共中央决定在延安某戏场开欢送会，为陈嘉庚一行饯行。朱德主持欢送会，王明、张闻天、吴玉章、萧劲光及本市各界代表共千余人参会。朱德首先致欢送词，对陈嘉庚一行表示感谢，王明也表示中国共产党将继续牢记抗战使命，团结广大人民群众，向胜利进攻！陈嘉庚而后答谢说，"顷闻陈主席

① 陈嘉庚：《南侨回忆录》，上海三联书店 2014 年版，第 159—160 页。

② 陈嘉庚：《南侨回忆录》，上海三联书店 2014 年版，第 4 页。

伟论，余万分喜慰，极表赞同，能如蔺相如之推让，一致对外，乃国民全体之愿望。至于团结二字，甚为重要，自抗战以来，海外华侨闻国内已能团结对外，欣幸莫可形容。”[①] 此次延安之行，他对中国共产党坚持国共团结、抗战到底的决心感同身受，也正是在延安考察的八天，他对国民党和共产党都有了更加全面客观的认识，明白了国民党所谓国共摩擦的报告完全是一派胡言而已。蒋介石对此极为不满，认为他被中共迷了心智，还写信指责。但陈嘉庚始终没有动摇自己的看法，对中国共产党人愈加敬重，并再次提醒国民党：在此国家艰危之秋，各党派理应团结一致对外，共同抵抗外敌，切莫搞分裂活动！

对此，周恩来曾高度评价他“为民族解放尽最大努力，为团结抗战尽无限艰辛，诽言不能伤，威武不能屈”。事实上，国民党的种种作为已令他十分不满，这次回国考察除了慰劳前线战士，还了解到国民党政府的一些内幕，对其贪污腐败、懒惰散漫的风气嗤之以鼻，言之：

余久居南洋，平素对国内政治及官吏素乏注意，故罕闻问。及七七抗战后，负责筹赈会及南侨总会等主席，虽常与中央及他处政府官吏交通，然亦未知情况。及至此次回国慰劳，始知中央政府诸要人多野心不正举动，在内包围制造一党合污之政权，在外如香港则设党政机关，以笼络及欺蔽海外华侨，其厉害比较清代优待旗人，奴视我民族为尤甚。旗人虽每省分配若干驻防，不过坐领干薪而已，若现下党人则不然。凡政府公务员，概须党员。由是朋比为奸，营私舞弊，上下征利，公然横行，无所忌惮。凡党外人稍一开口反对，则诬以共产重罪。对舆论报纸钳制严厉，稍有正气之人，只有敢怒不敢言。国内既无人敢呻吟，任其野心鱼肉。余以南侨总会主席地位，代表千万侨众职责，且身居海外非暴力可及，若缄口不言，不但有负南侨委托，亦失自己人格。又自抗战以来，逐月必有开会，亦有一月数次者，每次必依中央

① 陈嘉庚：《南侨回忆录》，上海三联书店 2014 年版，第 167 页。

规定仪式，宣读总理遗嘱，与誓词无异。至中央政府及党部各机关，每开会及纪念周，亦莫不如是。然考多年来，公务员之举动，多背道而驰，偏走极端，真所谓口是心非，挂羊头卖狗肉者也。[①]

陈嘉庚的这番言论明确地表达了他内心的失望，如果说他之前受孙中山先生遗教，是坚定的“拥蒋派”，拥护“中央政府”，那么，现在他早已倾心共产党，庆幸中国还是有希望的！陈嘉庚在返回南洋之后，还与各路友人感叹道：“余观感之余，衷心无限兴奋，梦寐神驰，为我大中华民族庆祝也”[②]，可以毫不夸张地说，中国的希望就在延安。延安之行结束后，陈嘉庚开始与共产党有了较为频繁的接触，并带领南洋华侨大力资助与支持共产党在国内的抗战，与共产党成了亲密无间的战友。

1949年新中国成立，中国共产党力邀陈嘉庚回国参与中国人民政治协商会议的筹办，并担任中国人民政治协商会议全国委员会副主席、全国人民代表大会常务委员会委员、中华全国归国华侨联合会主席等职，积极为国家的建设和发展建言献策，为维护华侨合法权益，推动华侨团结作出不懈努力。

暮年之时，陈嘉庚仍念念不忘国家统一，请人在鳌园内刻录“台湾省全图”，希望全国可以尽快实现统一，台湾人民可以尽快回到祖国怀抱。陈嘉庚一生为辛亥革命、民族教育、抗日战争、解放战争、新中国的建设作出了卓越贡献，充分体现了爱国华侨心系祖国、情系桑梓的爱国情怀，他让世人看到团结一心、坚强不屈的中国人，感受到了势不可挡、英勇无畏的民族凝聚力和向心力。

三、开明绅士李鼎铭　精兵简政为人民

所谓“绅士”，也称“士绅”，是中国封建社会的产物，他们基本上是科举及第未仕或落第士子、当地较有文化的中小地主、

① 陈嘉庚：《南侨回忆录》，上海三联书店2014年版，第341页。

② 陈嘉庚：《南侨回忆录》，上海三联书店2014年版，第4页。

退休回乡或长期赋闲居乡养病的中小官吏、宗族元老等，他们学识渊博、思想开明、为人正直，在乡村威望较高且有较大影响力。开明绅士是地主和富农阶级中带有民主色彩的个别人士。这些人士，同官僚资本主义和帝国主义有矛盾，同封建的地主、富农也有某种矛盾，因此，从情感上同情和支持中国共产党的领导，坚决反对顽固派祸国殃民，革命时期从经济上、政治上等各方面给了中国共产党相当的帮助。

陕北乡绅李鼎铭，就是一名“开明绅士”，是著名的爱国民主人士，是抗日民族统一战线的典范。李鼎铭一生不为一人一己谋利益，具有强烈的爱国情怀，拥有崇高的社会声望。延安时期，在抗日民族统一战线政策的感召下，李鼎铭成为中国共产党的挚友和诤友，他积极参政议政，以无党派人士身份参与边区政府工作，提出著名的“精兵简政”议案，为共产党领导抗日根据地人民战胜经济困难作出卓越贡献。毛泽东称其为“开明绅士”。

李鼎铭

李鼎铭（1879—1947），陕西米脂人，出生农家，14岁开始学习经史子集，兼习医学，并涉猎近代科学，积累了较为深厚的科学知识。1903年参加科举考试，取为廪生，奈何清末官场早已污浊，混乱不堪，李鼎铭果断选择回乡教学从医。李鼎铭为人诚恳，主持正义，因而在当地群众中颇有影响。辛亥革命爆发后，他十分拥护孙中山的政治主张，支持破除封建迷信，在当地提倡放足、剪发、禁赌。此外，他坚持兴办学校，主张教育救国，将其作为开化民智，移风易俗，建设乡村社会的手段。1926年，李鼎铭因病返故里，一面行医，一面为地方公益事业服务。尽管经济拮据，但他多次断然谢绝了乡村一些大地主要他做总管家的邀请，只因心中始终有一个信念：只为民众百姓做实事，不为一人一己谋私利。

李鼎铭并非从一开始就认可中国共产党的，他态度的转变与他的学生们有关；与他的二儿子——李力果有关；与他看到中共妥善处理西安事变有关。

与学生有关，主要是指1935年10月后，中共中央和各路红军长征落脚陕北，长征红军队伍中有他曾经教过的学生。陕北红军中也有成为中共高级干部的郭洪涛、艾楚南、张汉武、曹力如等人,他们多次向李鼎铭介绍中国共产党的革命主张和抗战政策，并希望老师能够支持革命。在与学生交流和交往的过程中，李鼎铭的思想逐步发生了变化。

与其子有关，也可以说是与其子李力果被捕有关，这也是造成李鼎铭态度发生转变的重要原因。李力果是李鼎铭的二儿子，早在榆林中学就读时，就深受共产党的影响，毅然投身革命，并于1927年正式加入中国共产党，逐渐成长为一名积极进步的共产党员。而当时，李鼎铭由于对革命和红军的了解和认识还相对较少，因而对共产党提出的各项抗日主张都持怀疑观望的态度，对儿子参加革命活动也是不赞成的。后来，李力果参加革命后经常向他宣传进步思想，讲述共产党救国救民的正确主张，这让李鼎铭的思想有了新的转变。1931年，李力果在北京进行革命活动时，被国民党抓捕，关押在草岚子监狱长达五年之久。为了救出儿子，李鼎铭曾致信其表弟、时任国民革命军第十七军二十五师副师长杜聿明，希望能给予关照，但却未果。相反，经过共产党的周密安排，李力果于1936年底被营救出狱。这件事情对李鼎铭的触动很大，也正是通过这件事，他逐渐看清了国民党的反动面目，并在情感上由一开始的不同意、不支持儿子进行革命活动，转变为倾向革命，倾向中国共产党，而且开始大力支持儿子投身革命事业。

与他看到中共妥善处理西安事变有关。西安事件的和平解决让李鼎铭更加坚定了与共产党“并肩作战，休戚与共”的决心。1936年，西安事变后，李鼎铭认为共产党一定会借此机会杀掉蒋介石，以除后患，然而最后结果却令他十分意外，从“反蒋抗日”，到“逼蒋抗日”，再到“联蒋抗日”，他看到的是中国共产党人始终以民族国家利益为重，将个人恩怨抛之脑后，选择与

陕甘宁边区第二届参议会部分参议员合影

蒋介石团结起来共御外敌，他心想，这“胸襟和气魄”非共产党没有！顿时，敬佩之意油然而生。因此，1937年卢沟桥事变后，他开始逐步接受中共的领导，表示愿意拥护中国共产党团结抗日的政治主张。

全面抗战爆发后，八路军、新四军根据中共中央的指示，迅速挺进敌后，开辟敌后战场，建立敌后抗日根据地。与此同时，各抗日根据地纷纷建立抗日民主政权。其中陕甘宁边区抗日民主政府，就是按“三三制”原则，在普选基础上建立起来的。1939年1月，陕甘宁边区参议会成立，并通过了《陕甘宁边区施政纲

李鼎铭与林伯渠

领》。施政纲领实施后，陕甘宁边区的政治、经济、军事、文化等各方面的建设欣欣向荣，成为抗日根据地的模范。

1941年11月6日，边区第二届参议会在延安大礼堂开幕，毛泽东出席开幕式并发表了重要讲话，他特别强调说，“我们不是一个自以为是的小宗派，我们一定要学会打开大门和党外人士实行民主合作的方法，我们一定要学会善于同别人商量问题。”[①] 我们党这个同党外人士实行民主合作的原则，是坚定不移、永恒不变的。现在到了我们认真实行的时候了。号召共产党人和党外人士密切合作，将民主二字真正落实到位，团结一心为抗日救国这一共同的目标建言献策。次日，李鼎铭凭借着多年来的威望和

①《毛泽东选集》第3卷，人民出版社1991年版，第810页。

良好声誉当选为边区参议会副参议长。

时年61岁的李鼎铭在就职演说中坦率地说："我是个无党无派的人。无党无派中也有几等，一等是中立不移的，一等是倾右的，一等是倾左的。我本来倾右，觉得共产党的社会主义不对"，但后来才发现原来社会主义才是"天公地道的主义"，再看看我们现在的世界，"无论何国，非实行社会主义不可。"[①]台上这位身材矮小，手持拐杖的老人，两眼十分坚定地望着会场，一言一语中表露出他对共产党的真心拥护与支持。

后来，中外记者参观团到访延安。李鼎铭接受英国《曼彻斯特导报》记者斯坦因采访时谈到，他本一生不参与政治，不问政事，但是在抗日战争紧要关头的1941年，他接受本县推选成为边区参议员，并被选为边区政府副主席有三个理由：首先因为新民主主义的实行消除了他曾经对于共产党的误解；其次共产党组织的边区选举与国民党组织的选举截然不同，人民在和平民主、自觉自愿、自由平等的环境中选出当家人，这其中并没有大家以为的"贿赂、强迫和暴行"；再次，经过长时间的接触，他清楚地看到了八路军才是这场战争中抗敌最积极的主力军，他们不分亲疏，不问男女，都能上场杀敌，只要还有一口气，从不轻言放弃。正是这三个理由，让他愿意同中国共产党同患难、共进退。

参议会上，毛泽东号召边区参议员们"知无不言言无不尽"，共商抗日救国事宜。李鼎铭根据先前观察和了解，大胆地提出了名垂青史的"精兵简政"议案。这个议案的主要内容是：为了更好地完成抗日救国大业，减轻百姓负担，提倡兵要精，政要简，行政机构要以质胜量，提高工作效能。在会前酝酿这一方案时，就有一些民主人士由于对中国共产党仍心存芥蒂，对共产党能否采纳建议持怀疑态度，还曾几次劝阻他不要提出，小心为上。但李鼎铭看到毛泽东和共产党的其他领导人参加大会、小会，找参议员谈话，仔细听取对政府的批评与建议，深深感到共产党与党外人士合作是出于至诚，便大胆地提了出来。提出"精兵简政"

① 李鼎铭著：《李鼎铭文集·纪念·传略》，中共中央党校出版社1991年版，第3页。

议案后，不可避免地受到了党内一些人的批评，那些反对者说，提倡精兵主义，那我们的部队该如何发展如何壮大？甚至还有人说李鼎铭提出这个议案根本就是动机不纯，试图破坏党的事业……一时间猜忌和怀疑之声四起。让人意想不到的是，李鼎铭刚刚发言完毕，毛泽东就立即站起身来，一边笑着鼓掌一边大步走到台前，他表示这个议案意义十分重大！为了让党内更多人理解这一提案，毛泽东又进一步阐述了实行精兵简政的必要性，并且对党内一些不正确的批评声音进行了批评。他对那些“批评者们”说到，我们的政策必须应时而变应势而变，如果一味地坚持老办法老政策，这样能对党和人民有利吗？继而他说，在抗战初期，采取精兵主义自然是不对的，但现在情况不同了，全面抗战已经四五年了，冗杂的大机关和不精干的部队已经不适合今天的战争环境了，人民生活眼看就要面临很大的困难！如果不改善这一状况，不顾环境的变化，还死啃不合时宜的条文，那就是赤裸裸的教条主义。此外，毛泽东对党内同志的宗派主义情绪还进行了严肃的批评。他指出，永远不能忘记我们的党是为人民服务的，因此不论是谁提出的意见，只要对人民有好处，我们就照办。

毛泽东对李鼎铭的提议大为赞赏。连夜反复圈阅这一方案，将其中重要的段落一字一句地抄在自己的本子上，旁边还加上一段批语：“这个办法很好，恰恰是改造我们的机关主义、官僚主义、形式主义的对症药。”[①]“精兵简政”议案最终在参议会上得到了大多数人的赞同，大会通过了李鼎铭的这一议案。毛泽东还专门在《解放日报》写了《一个极其重要的政策》的社论，以表示对这一议案提出的赞同和对民主人士李鼎铭的认可。

边区参议会结束不久，1941年12月4日，中共中央发出了《为实行精兵简政给各县的指示信》，要求切实整顿党、政、军各级组织机构，精简机关，充实连队，加强基层，提高效能，节约人力物力。陕甘宁边区政府根据中共中央的指示，先后在边区进行了三次精兵简政，取得了很大的成效。

① 李维汉：《回忆与研究》（下），中共党史资料出版社1986年版，第502页。

1942 年 9 月 7 日，《解放日报》发表《精兵简政》社论

1941 年 12 月中旬，陕甘宁边区政府根据中共中央的指示拟定整编方案，开始了第一次精兵简政，到 1942 年 4 月基本结束。经过精简裁掉了骈枝机构百余处，缩减了工作人员数千名。但是由于缺乏经验，在思想认识上，对精简工作的重要性也认识不足，工作整体上改进不明显。1942 年 6 月 30 日，陕甘宁边区政府第二十六次政务会议讨论通过《陕甘宁边区政府系统第二次精兵简政方案》。这次精简工作的重点是建立边区政府本身的工作制度，上级机关也精简了一些人员，但又都充实进了基层组织，实际精简幅度不大。到 1942 年 9 月，第二次精简结束。在两次精简的基础上，陕甘宁边区根据中央指示准备进行第三次精简并做了比较充分的准备。

人对客观事物及其规律的认识是需要一个相当长的探索过程，不可能一蹴而就，只有持续不断地学习与实践，才能正确认识和把握事物发展的内在规律，对“精兵简政”这个议案来说，也是如此。中共中央本着求真务实的科学精神，继续探索实践着“精兵简政”，通过一次又一次的实践不断总结经验教训。1942年9月中旬，陕甘宁边区组织人员对前两次精简工作进行了认真检查。这次检查工作实际上是总结第一、二次精简工作的经验，发现工作中存在的问题，为第三次精兵简政工作做思想准备和组织准备。在此基础上，1942年9月下旬，陕甘宁边区专门召集分区专员，延安、安塞、甘泉等县县长，以及其他一部分县、区、乡干部，举行简政工作经验交流座谈会。这次座谈会的顺利召开，从思想上提升了党员领导干部对精兵简政工作的科学认识，明确了下一步工作的方向。

毛泽东深知“精兵简政”议案的重大意义，它不仅能够尽快安定人民生活，稳定边区经济，对中国共产党来说更具有重要的警示意义，直接关系到党的局部执政的根基能否继续稳固。因此，他一直关注着精兵简政工作的进展。1942年12月，他在西北局高干会议上作了《经济问题与财政问题》的报告，其中再次提到精兵简政。他说，这次高干会以后，“我们就要实行‘精兵简政’。这一次精兵简政，必须是严格的、彻底的、普遍的，而不是敷衍的、不痛不痒的、局部的。在这次精兵简政中，必须达到精简、统一、效能、节约和反对官僚主义五项目的。”[①]毛泽东的讲话既指出了过去精简工作的不足，也对今后的精简工作提出了期望，极大地提高了广大党员干部对精兵简政工作的意义、目的和要求的认识。

后来，“精兵简政”这一政策不仅在陕甘宁边区实行，中共中央还将它推广到各抗日民主根据地去。实践证明，“精兵简政”是符合国情和时情的政策，对于解决抗战时期“鱼大水小”的矛盾，减轻人民负担，度过抗日战争最艰苦的阶段，实现持久抗战，

①《毛泽东选集》第3卷，人民出版社1991年版，第895页。

起了极大的作用。

中国共产党一直虚心听取和接受党外人士的意见、建议，营造出良好的民主氛围。李鼎铭由米脂搬家到延安时，主动自愿将全部家产献给了当地政府。后来李鼎铭每次回到杨家岭，毛泽东工作再忙也要接见他，还经常亲自到边区政府去看望他，并指示有关部门对他生活上加以照顾。在多年与共产党的亲密合作中，李鼎铭深知只有跟着共产党走，才能有光明的未来。于是，他逐渐萌生让远在国民党当差的大儿子弃暗投明，回乡参加共产党的想法。这一想法很快就变为现实。在毛泽东授意下，边区政府派人带着李鼎铭的亲笔信，经过一番周折，把李鼎铭的大儿子全家接回延安。看到大儿子一家安全回来，李鼎铭高兴地连声说："共产党真行！真行！"[①]

此后，李鼎铭以更加饱满的热情投身于边区政府的工作，提

李鼎铭代表陕甘宁边区政府，接收八路军边区留守兵团政治部赠送的匾额“民主典范”

① 邓力群主编：《毛泽东人际关系》（上），中央民族大学出版社2004年版，第178页。

出了一系列有利于国计民生的政策，均得到了中共中央的回复与认可。1945年2月，李鼎铭代表陕甘宁边区政府，接收了由边区留守兵团政治部赠送的“民主典范”匾额。这幅匾额承载着人民对李鼎铭无私奉献的衷心感谢，也代表着共产党团结民主人士共同奋进的坚定决心。

可以说，“精兵简政”不只是一个政策，它更是一个见证。它证明了我们党实行民主协商的政治发展道路是正确的；它反映了不论赞扬还是批评，只要有利于党和国家发展的一切言论，共产党都可以接受的宽广胸怀和虚心态度。正如1944年9月8日，毛泽东在《为人民服务》一文中说到的，中国共产党是真心实意为人民服务的，“所以，我们如果有缺点，就不怕别人批评指出。不管是什么人，谁向我们指出都行。只要你说得对，我们就改正。你说的办法对人民有好处，我们就照你的办。‘精兵简政’这一条意见，就是党外人士李鼎铭先生提出来的；他提得好，对人民有好处，我们就采用了。只要我们为人民的利益坚持好的，为人民的利益改正错的，我们这个队伍就一定会兴旺起来。”[①]

四、延安窑洞谏真言　民主打破周期率

抗日战争胜利前夕，有一位爱国民主人士在延安的一孔窑洞中，与毛泽东长谈了一个下午。这次谈话史称“延安窑洞对”，因其内容涉及政权兴亡的历史周期率，也称“历史周期率”对话。直到今天，历史周期率的问题仍然被我们党所重视，并以此为鉴。这个故事的主人公就是我国著名爱国民主人士——黄炎培。

黄炎培（1878—1965），号楚南，字任之，生于川沙镇内史第（今上海市浦东新区川沙镇新川路218号），中国杰出的民主主义战士、忠诚的爱国主义者、著名的政治活动家、卓越的教育家、诗人，中国职业教育的先驱，致力于改革脱离社会生产生活的传统教育，大力主张“使无业者有业，有业者乐业”。20

①《毛泽东选集》第3卷，人民出版社1991年版，第1004—1005页。

世纪40年代先后创建了民盟和民建两个政党并首任两党主席，1949年中华人民共和国成立后，71岁的黄炎培打破“不为官吏”的立身准则，担任政务院副总理以及中央财经委员会副主任，为新中国的政治和经济建设宵衣旰食，舍身忘己。黄炎培为人豪爽大方，正直仗义，把毕生精力都奉献给了国家和人民。正如黄炎培在自传《八十年来》一书中写到的那样“一分精神为全国，一寸光阴为全民”[①]，可以说，“爱国”就是他最鲜明的性格特色和最亮丽的人生底色，“人民”是他进行一切工作的根本出发点和落脚点，崇高的爱国主义信仰和坚定的人民立场始终贯穿他的各项事业中。

黄炎培

1945年4月23日，中共七大在延安召开，毛泽东作了题为《论联合政府》的书面政治报告，主张召开国民大会，成立一个“联合性质的民主的正式的政府，领导解放后的全国人民，将中国建设成为一个独立、自由、民主、统一和富强的新国家。”[②]这一理念正是与黄炎培的建国主张相一致的，他认为，“抗战要必胜，建国要必成，先须完成三大合作，就是：政府与民众合作，中央与地方合作，国民党与各党各派合作”“这是人民的要求”[③]。因此，黄炎培以诗言志：“定要促成中国的团结、民主、和平。我还可以卖力，跟过去一样的多！”[④]但是国民党方面却执意坚持一党专政，欲一手包办国民大会，对此，共产党方面表示抗议，拒绝参加第四届国民参政会，这就导致了“五五”宪法草案（原名《中华民国宪法草案》，因颁发于1936年5月5日而得此名）迟迟未得到实质性的推进。本应由国民党、共产党和社会贤达第三方人士组成的国民参政会缺了一角，失去了民主团结之意。面

① 黄炎培：《八十年来——黄炎培自述》，文汇出版社2000年版，第1页。

②《毛泽东选集》第3卷，人民出版社1991年版，第1029—1030页。

③ 黄炎培：《八十年来——黄炎培自述》，文汇出版社2000年版，第158页。

④ 黄炎培：《八十年来——黄炎培自述》，文汇出版社2000年版，第208页。

对这种形势，黄炎培极为焦虑，为促成国共和谈，安定百姓生活，作为民盟主席的他，义不容辞地担起了这一历史重任，在国民参政会上他表示：“这份宪草有值得极端重视的一点，就是必须在全国和谐一致的空气中产生，否则万一酿成纠纷，反为宪政实行的障碍。”[①]话音刚落，国民党元老褚辅成等人纷纷表示非常赞同黄炎培的主张。会后，褚辅成随即联络黄炎培民主和其他党派人士冷遹、左舜生、章伯钧，无党派人士、学者傅斯年，国民党党员王云五等人，对下一步计划进行周密商讨。

可是在这一过程中，黄炎培等人的主张遭受到各党派其他人员的质疑与否定，有人说黄是蒋介石的说客，也有人说他“通共”。黄炎培回应说，“我们不是第三者，不是调人，不是中证。若问我们的使命，只是良心的使命。若问我们的身份，倒是一分子主人翁的身份。”[②]为了安抚人心，打破僵局，团结更广大人民群众，他们决定以褚辅成、黄炎培、冷遹、傅斯年、左舜生、章伯钧及王云五这七个人的个人名义致电在延安的毛泽东和周恩来，希望国共两党能尽快恢复商谈，促成团结统一的局面。6月22日，他们收到了延安的回电，表示愿意商谈，并邀请七人前往延安考察。7月1日，除了临时因病受阻未能一同出发的王云五，黄炎培等一行六人飞赴延安。飞机落地后，黄炎培等人受到了毛泽东、朱德、周恩来、邓颖超等中共领导人的热情接待。在机场，毛泽东亲切地握着黄炎培的手说：“我们二十多年不见了！”黄愕然，不知所云为何。其实，早在二十五年前，即1920年毛泽东就见过黄炎培了。当时，黄炎培和来华做学术交流的美国实用主义教育家杜威，共同举办了一系列演讲宣传活动，引起了极大反响，很多年轻人都专程前来聆听他们的演讲，其中就有青年毛泽东。黄炎培听后，连连夸赞毛泽东的好记性！

由于在延安考察的时间是有限的，黄炎培十分重视与毛泽东等中共领导人的每一次谈话机会，他敞开心扉，以诚相待，

① 黄炎培：《八十年来——黄炎培自述》，文汇出版社2000年版，第158—159页。

② 黄炎培：《八十年来——黄炎培自述》，文汇出版社2000年版，第209页。

1

2

1_
国民参政会参政员到延安
2_
毛泽东和黄炎培亲切交谈

以心相交，畅所欲言。尤其是在7月4日下午，临走的前一天，毛泽东专门邀请黄炎培和冷遹到他杨家岭的家中做客，并长谈了一个下午。当毛泽东问及黄炎培此次延安之行的感受时，黄炎培没有丝毫阿谀奉承之词，只是感叹道，这里是与重庆完全不同的新气象，也是距离他的理想相当近的地方！同时，黄炎培从一位清朝举人转变为如今的民主主义战士，一路走来熟谙历史变幻之理，他清醒地意识到共产党肩上的担子将会沉重无比，未来的困难与挑战重重。因此，他直言不讳，向毛泽东道出了他的担忧与期望，他说：

我生六十多年，耳闻的不说，所亲眼见到的，真所谓“其兴也勃焉”，“其亡也忽焉”，一人，一家，一团体，一地方，乃至一国，不少单位都没有能跳出这周期率的支配力。大凡初时聚精会神，没有一事不用心，没有一人不卖力，也许那时艰难困苦，只有从万死中觅取一生。既而环境渐渐好转了，精神也就渐渐放下了。有的因为历时长久，自然地惰性发作，由少数演为多数，到风气养成，虽有大力，无法扭转，并且无法补救。也有为了区域一步步扩大了，它的扩大，有的出于自然发展，有的为功业欲所驱使，强求发展，到干部人才渐见竭蹶、艰于应付的时候，环境倒越加复杂起来了，控制力不免趋于薄弱了。一部历史，“政怠宦成”的也有，“人亡政息”的也有，“求荣取辱”的也有。总之没有能跳出这周期率。中共诸君从过去到现在，我略略了解的了，就是希望找出一条新路，来跳出这个周期率的支配。①

一席耿耿诤言，让毛泽东颇有“心潮逐浪高”的感受，对黄炎培又敬佩了三分。他深知黄炎培所言之意。但是对于黄炎培的担忧，毛泽东反而无比自信地回答：“我们已经找到新路，我们能跳出这周期率。这条新路，就是民主。只有让人民来监督政府，

① 黄炎培：《八十年来——黄炎培自述》，文汇出版社2000年版，第204—205页。

延安革命纪念馆青铜雕塑《延安窑洞对》

政府才不敢松懈。只有人人起来负责，才不会人亡政息。”[①]

黄炎培听到这一回答，心想，这话是对的。他仔细回味毛泽东的这几句话，不禁赞叹中国共产党的信心和勇气，他们敢于向人民表明自己的主张，对人民的赤诚之心苍天可鉴。返回重庆后，他在《延安归来》一书中进一步写明了他的看法，他认为，“只有大政方针决之于公众，个人功业欲才不会发生。只有把每一地方的事，公之于每一地方的人，才能使地地得人，人人得事。把民主来打破这周期率，怕是有效的。”[②]此外，他在与各方面的朋友谈到中国共产党时，多次提到“中共朋友最可宝贵的精神，倒是不断地要好，不断

① 黄炎培：《八十年来——黄炎培自述》，文汇出版社2000年版，第205页。

② 黄炎培：《八十年来——黄炎培自述》，文汇出版社2000年版，第205页。

地求进步，这种精神充分发挥出来，前途希望是无限的。”

这就是著名的“延安窑洞对”，直到今天，还有人将它媲美于传颂千古的“隆中对”，足以见得，这一事件意义重大、影响深远。也正是此次延安之行，使黄炎培对中国共产党有了更新的认识，对中国的光明前途有了更加坚定的信心，成为他一生中一个重大的转折点，也为日后的政治活动奠定了思想基础。同样地，窑洞长谈也让毛泽东进一步了解了黄炎培等众多民主人士对团结统一、和平建国的追求与渴望，更看到了这位爱国民主人士对共产党的无比坦诚与信任。毛泽东始终将黄炎培的肺腑之言铭记于心。1949 年 3 月 5 日，解放战争胜利前夜，他在中共七届二中全会上谆谆告诫全党：“夺取全国胜利，这只是万里长征走完了第一步。如果这一步也值得骄傲，那是比较渺小的，更值得骄傲的还在后头。在过了几十年之后来看中国人民民主革命的胜利，就会使人们感觉那好像只是一出长剧的一个短小的序幕。剧是必须从序幕开始的，但序幕还不是高潮。中国的革命是伟大的，但革命以后的路程更长，工作更伟大，更艰苦。”他说：“这一点现在就必须向党内讲明白，务必使同志们继续地保持谦虚、谨慎、不骄、不躁的作风，务必使同志们继续地保持艰苦奋斗的作风。”① 3 月 23 日，中共中央离开西柏坡进驻北平，毛泽东意味深长地对同志们说：“今天是进京的日子，进京‘赶考’去。”“我们绝不当李自成，我们都希望考个好成绩”②，给老百姓交出一份满意的“答卷”。

1949 年 3 月 26 日，在毛泽东进驻北平的第二天，黄炎培、姚维钧夫妇应邀前往做客，成为香山双清别墅的第一位客人。为了表示尊敬，毛泽东还让江青和周恩来做陪。由此可见，黄炎培在毛泽东心目中的地位与分量。谈话间，毛泽东向他提出了一个请求，想请黄炎培做新中国民族工商界的牵头人，利用自身的影响，团结民族工商业者，发展我国民族工商业，恢复和振兴被战

①《毛泽东选集》第 4 卷，人民出版社 1991 年版，第 1438—1439 页。

②《毛泽东年谱（1893—1949）（修订本）》下卷，中央文献出版社 2013 年版，第 470 页。

黄炎培在中国人民政治协商会议第一届全体会议上发言

争破坏的国家经济。毛泽东还向黄炎培保证："我决不会像斯大林那样把资本家'赶尽杀绝'。"[①] 黄炎培立即应允。次日，他就开始广泛联络，将毛泽东的谈话精神传递出去，稳定人心，将广大工商业者团结在党的周围。4 月 3 日，以黄炎培为首的各民主党派领导云集北平，共同签署了《反对北大西洋公约联合宣言》，这份《宣言》阐明了中国共产党的对外交往方针与原则，也是第一次与民主党派的联合行动，标志着中国共产党与各民主党派的统一战线正式建立，也为新中国民主政治道路的成功探索奠定了坚实的基础。

① 黄方毅：《黄炎培与毛泽东周期率对话——忆父文集》，人民出版社 2012 年版，第 15 页。

在多方人士的共同努力下，9 月 21 日，中国人民政治协商会议胜利召开，黄炎培代表民建在第一届全体会议上发言，说："我们这一群人，今天在中国共产党的领导之下，要从地球几万万年一部大历史上边，写出一篇意义最伟大最光荣的记录，它的题目，就是中国人民政治协商会议开幕。"他以诗人般的激情，将即将成立的中华人民共和国比为一座崭新的大厦，"这所新的大厦，有五个大门，每个门上两个大字，让我读起来：独立、民主、和平、统一、富强。"他愿意毫无保留地为这座"大厦"添砖加瓦，并且满怀信心地说："我们相信，有了中国共产党和毛主席的领导，中国工人阶级和全国人民是可以战胜任何敌人，克服任何困难的。"[①] 这次会议的召开，增强了各民主党派对中国共产党的信任，调动了他们同共产党一道为新中国建设贡献智慧和力量的积极性，成功开辟了一条符合中国国情的政治发展道路。

斗转星移，七十多年过去了，两位政治家的"窑洞对"言犹在耳、振聋发聩。黄炎培对共产党能否跳出"历史周期率"的考问，留给我们这一代共产党人诸多的思考和警示。毛泽东形象地将中国共产党执政比喻为"赶考"，七十多年后的今天"赶考"仍在继续，中国共产党人仍未停下破解"周期率"的脚步。黄炎培的一席诤言时时鞭策着中国共产党人，激励着我们始终保持谦虚谨慎、艰苦奋斗的优良作风，发扬敢为人先、锐意进取的创新精神。当前，世界形势和发展格局已发生了重大变化，中国共产党人"赶考"的环境、历史的"考题"和应考的"考生"队伍也随之发生了变化。

以毛泽东为代表的一代又一代中国共产党人一直在不断探索着走出历史周期率的新路。党的十八大以来，以习近平同志为核心的党中央继承和发扬党的优良传统，坚持以人民为中心的发展思想，坚持全面从严治党，砥砺前行、迎难而上，加强党内外监督，规范党内法规；以刮骨疗毒、壮士断腕的勇气切除党内"毒

① 新华书店编辑部：《中国人民政治协商会议第一届全体会议讲话·报告·发言》，新华书店 1949 年版，第 23 页。

瘤”；以“真枪实弹”、动真碰硬的魄力处置党内“蛀虫”；以猛药去疴、重典治乱的决心将党风廉政建设和反腐败斗争进行到底。在这场关乎党和国家前途命运的斗争中，习近平总书记在讲话中多次提到这一故事。2015 年 5 月 18 日，习近平总书记在中央统战工作会议上讲道，“我常常提及毛泽东同志和黄炎培先生在延安的‘窑洞对’。当年‘窑洞对’的问题已经彻底解决了吗？恐怕还没有。”[①] 为了跳出“历史周期率”的怪圈，我们必须扎紧制度笼子，严守制度红线，增强忧患意识，强化党内外监督制度，构建良好政治新生态。2017 年 1 月 22 日，习近平总书记在同党外人士共迎新春时，又与党外人士肺腑相告：“‘虚心公听，言无逆逊，唯是之从。’这是执政党应有的胸襟。‘凡议国事，惟论是非，不徇好恶。’这是参政党应有的担当。参政党一个重要职责是让执政党听到各方面声音，特别是批评的意见。同志们要敢于讲真话，建诤言，客观反映情况。”[②] 只有这样，才能让民主真正落到实处。新中国成立七十多年来，我们党充分信任和积极团结各民主党派，广泛凝聚共识，努力寻求最大公约数、画出最大同心圆，汇聚起了实现民族复兴的磅礴力量。我们有理由相信，只要将广大人民群众紧紧地团结在一起，不忘毛泽东曾向黄炎培许下的“民主”之诺，我们最终可以跳出，也一定能够跳出历史“周期率”。

① 中共中央文献研究室编：《习近平关于全面从严治党论述摘编》，中央文献出版社 2016 年版，第 204 页。

② 习近平：《在同党外人士共迎新春时的讲话》，《人民日报》2017 年 1 月 23 日第 1 版。

第三章

携手各族人民 同心同向

延安时期，中国共产党为最大限度地团结各族人民，充分调动一切积极因素参与抗战，建立最广泛的抗日民族统一战线，在充分尊重少数民族宗教信仰与风俗习惯的基础上，初步探索了适合中国国情的民族区域自治制度的雏形，引领团结少数民族人民参与抗战。这一时期，中国共产党在陕甘宁边区基本确定和实施了一系列解决多民族国家民族问题的重要原则和政策，为建设及稳固边区、团结各民族群众共同抗战提供了坚实的基础。这一时期，我党为了推动和团结西北少数民族一致抗日，相继建立了民族工作、民族事务的组织工作机构，创办了延安民族学院和各类干部学校，支持少数民族抗日武装，引领少数民族革命青年抗日热潮，培养民族工作骨干。党在陕甘宁边区制定了民族区域制度，建立自治政权，解决民族内部的一切事物，边区政府及领导贯彻宗教信仰自由政策，充分尊重少数民族的宗教信仰与风俗习惯，这些政策都为新中国开展民族宗教工作积累了宝贵的经验。

一、创办民院育骨干　引领抗日新热潮

为建立稳固的抗日民族统一战线，中国共产党不仅设立了专门研究民族问题的机构，还成立了处理纷繁复杂民族事务的工作部门。同时，为适应抗战需要，加快少数民族干部培养，我党积极创办民族学院，这些措施有力地推动了我党在少数民族地区的统战工作，也成为我党动员和引领少数民族群众积极参与抗战的重要平台，为抗日战争的最终胜利作出了重要贡献。

第一，中国共产党设立民族事务、民族研究等相关机构。中共中央初到陕北，便先后成立了蒙古工作委员会、少数民族工作委员会、西北工作委员会这一专门研究民族问题的相关机构，推动了少数民族地区民族和宗教工作的顺利开展。

1935 年 12 月 10 日，毛泽东以中华苏维埃共和国中央人民政府主席的名义发表了对内蒙古人民的宣言，史称“三五宣言”。1936 年 6 月，为进一步开辟内蒙古地区的革命斗争工作，在西

征红军解放盐池和定边后，中央决定在定边县成立中共蒙古工作委员会，简称蒙古工委。由于定边被称为延安的“北大门”，方便与蒙古伊克昭盟地区的蒙古族同胞进行联系，因此在共产党的领导下，蒙古工委主要负责与伊克昭盟地区的少数民族人民进行沟通，发动蒙古族人民加入抗日阵线。蒙古工委主任先后由高岗、贾拓夫、李维汉担任。1936 年 7 月 13 日，蒙古工委成立不久，便在工委主任高岗的指挥下，接连解放了二道川[①]、三段地[②]和马场井[③]等地，建立了内蒙古地区唯一的工农红军革命根据地——三段地根据地。这一根据地的建立大大推进了蒙古地区的抗日救亡工作。

随着日本帝国主义对分裂我国少数民族的阴谋活动愈演愈烈，1937 年 7 月，中共中央决定成立少数民族工作委员会，把原来的蒙古工作委员会和定边工作委员会，改为回民工作部和蒙古工作部，负责西北地区的少数民族工作。同年 8 月，中国共产党在《抗日救国十大纲领》中明确提出：“动员蒙民、回民及其他少数民族，在民族自决和自治的原则下，共同抗日。”[④]1938 年 10 月，毛泽东在中共六届六中全会上作的政治报告中进一步指出：“团结各民族为一体，共同对付日寇。”[⑤]此外，毛泽东还指出：在“各少数民族与汉族杂居的地方，当地政府必须设置由当地少数民族的人员组成的委员会，作为省县政府的一部门，管理和他们有关事务，调节各族间的关系，在省县政府委员中应有他们的位置”[⑥]。

1938 年 11 月，中共中央又成立了西北工作委员会，这是中国共产党全面、系统研究民族问题的开端。自中央落脚陕北之后，

① 现为二道川乡，位于内蒙古自治区鄂尔多斯市鄂托克前旗城川镇，地处毛乌素沙漠腹地，东与珠和、城川苏木相接，南邻陕西省定边县白泥井乡、周台子乡和宁夏盐池县柳杨堡乡。

② 现为三段地镇，地处内蒙古鄂尔多斯市鄂托克前旗，地处内蒙古、陕、宁三省区交界处，被誉为草原上的延安，是中国共产党开展蒙古民族工作的桥头堡，也是陕甘宁边区的北方门户和重要组成部分。

③ 现为马场井村，位于内蒙古鄂尔多斯市鄂托克前旗敖勒召其镇，西与宁夏盐池县接壤。

④ 宋学民著：《太行记忆》，河北人民出版社 2017 年版，第 47 页。

⑤ 中共中央文献研究室、国家民委编：《毛泽东民族工作文选》，中央文献出版社 2014 年版，第 1 页。

⑥ 中共中央文献研究室、国家民委编：《毛泽东民族工作文选》，中央文献出版社 2014 年版，第 1 页。

边区少数民族人口不断增加，无论是日益复杂的民族现状，还是边区复杂的民族地理环境，这些都迫切要求我党对民族问题进行科学的理论研究，因此，中央决定西北工作委员会专门设立少数民族问题研究室，由李维汉和贾拓夫主管，刘春负责，下设蒙古问题研究组和回族问题研究组，成员主要有王铎、周仁山、秦毅、孔飞等。专业的人员配备和科研团队主要针对边区民族问题进行详细研究，这无疑为我党在边区的民族工作提供了极大的便利。经过长期的调查和研究，西北工作委员少数民族问题研究室先后于 1940 年 4 月和 7 月起草了关于回族和蒙古族问题的两份纲领性文件——《关于回回民族问题的提纲》和《关于抗战中蒙古民族问题的提纲》。这两份提纲的发表加深了中国共产党对蒙古族和回族这两个少数民族的风土人情、民族和宗教信仰情况的了解，为我党顺利开展对蒙回两族人民的统战工作，进一步提出正确的民族宗教理论和制定正确的民族宗教政策提供了基本遵循。

1941 年 5 月 13 日，为集中统一领导西北地区的各项工作，中共中央决定将中央西北工作委员会与陕甘宁边区中央局合并成立西北中央局（后改称“中共中央西北局”）。虽然西北工作委员会被合并，但是西北中央局仍下设少数民族工作委员会，由贾拓夫任主任，并在边区政府内部各级都设立了民族事务科，负责处理各分管地区的少数民族各项工作，这一安排直接从组织机构层面保证了少数民族工作的有序开展，也为新中国民族工作的开展提供了重要经验。

第二，延安时期中国共产党创办了延安民族学院，培养少数民族干部或骨干。

除了设立民族问题研究机构，为加快推动少数民族地区的各项工作，中共中央开始创办专门的少数民族干部培训院校，为抗日民族统一战线的巩固和扩展提供了重要平台。其中，延安民族学院是中国共产党人在延安时期创办的第一所专门培养少数民族干部的最高学府，是中国共产党培养民族干部的摇篮，是中国共产党民族理论、民族政策的重要研究基地，也是民族团结、民族

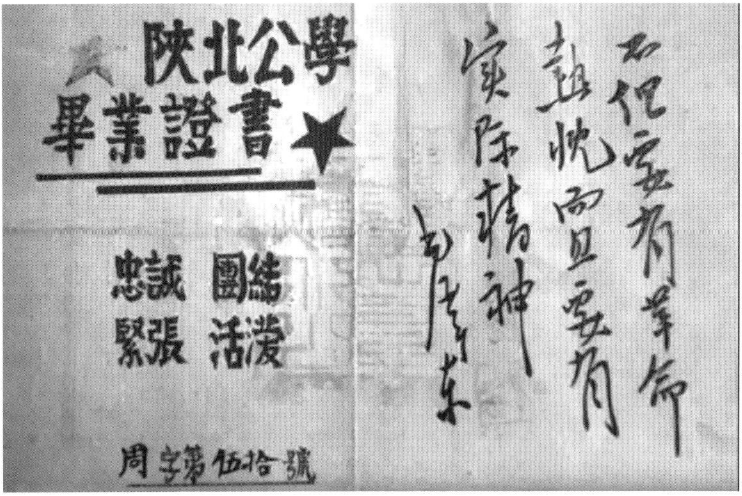

陕北公学毕业证书

平等教育和民族区域自治的试验田。延安时期中国共产党一直重视对少数民族干部的培养，在创办延安民族学院之前，共产党主要依托中央党校和陕北公学进行培养，同时陕北公学民族部还是延安民族学院的前身。

1937 年，中共中央党校专门为少数民族青年开办了一个少数民族干部培训班，这个班的学员“主要是随红军长征到延安的藏、彝、苗等少数民族的青年，如藏族的桑吉悦希（天宝）、扎喜旺徐、孟特尔、罗德干等，彝族的王占青、王占有、潘占云、田雨清等，苗族的徐忠义等。”①各族青年在中共中央党校共同学习当前政治形势和文化基础，课程内容丰富，形式多样。经过培训，他们在抗战中均作出了卓越贡献，逐步成长为党的优秀民族干部。全国抗战爆发后，快速培养抗战人才成为开展全民抗战的必然要求，1937 年 7 月底，中共中央当即决定创建陕北公学，大力培养“抗日先锋队”。8 月，陕北公学在延安成立，成仿吾任校长。随着抗战形势的不断发展，民族地区统战工作迫切需要大批的民族工作干部和人才，这成了中国共产党最为迫切的政治任务，同时也成了陕北公学办学的重要任务之一。1939 年 6 月，中共中央决定将陕北公学、鲁迅艺术学院、延安工人学校、安吴青年训练班四校合并后，考虑到当时的抗战形势，还是决定必须将陕北公学重新办起来，继续培养少数民族干部，并任命李维汉为陕北公学校长、党组书记。1941 年 6 月，陕北公学成立了民族部，由贾拓夫任主任，王铎任副主任。当时的学员已经有 180 余人，随着来延安的少数民族青年人数大幅增多，陕北公学民族部的办学规模已经明显适应不了共产党对民族干部培养工作的需求。

因此，在陕北公学民族部的基础上，中共中央决定将中央党校回族班、中共中央西北工作委员会民族问题研究室、抗日军政大学、中国女子大学、鲁迅艺术文学院等机构和学校的少数民族干部、教师和学员全部集中在一起，创办专门培养民族干部的民族院校、最高学府——延安民族学院。

1941 年 9 月 18 日，延安民族学院举行成立仪式及开学典礼。学院由西北局书记高岗兼任院长，高克林任副院长，乌兰夫任教育长，受中共中央西北局和陕甘宁边区政府领导。延安民族学院根据各少数民族青年的文化程度分设 6 个教学班，另设 1 个研究班。研究班的学员主要学习马克思列宁主义、政治经济学、民族问题、时事政策等；教学班则除了学习和了解中国革命问题、党的建设、时事政策外，还要加强自然地理、历史、汉语学习等基

①吴敏霞，王志平：《延安时期我党是如何培养少数民族干部的》，《党史文汇》2020 年第 12 期，第 48 页。

1

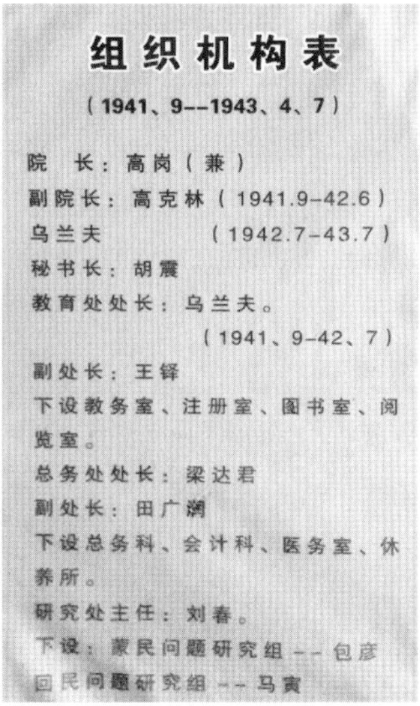

组织机构表

（1941、9--1943、4、7）

院　长：高岗（兼）

副院长：高克林（1941.9-42.6）

乌兰夫　（1942.7-43.7）

秘书长：胡震

教育处处长：乌兰夫。

（1941、9-42、7）

副处长：王铎

下设教务室、注册室、图书室、阅览室。

总务处处长：梁达君

副处长：田广润

下设总务科、会计科、医务室、休养所。

研究处主任：刘春。

下设：蒙民问题研究组 -- 包彦

回民问题研究组 -- 马寅

2

1_

延安民族学院旧址

2_

延安民族学院组织机构表

本知识的学习。1942 年夏，该校学员已增至 300 多人，又编为 7 个普通班。在发展中，延安民族学院不断创新少数民族干部培养方式，从学员分配和课程安排等方面进行不断创新。但受战争形势影响，该学院学制不固定。

延安民族学院办学坎坷，几易其址。1943 年 3 月，中共中央决定延安民族学院与鲁迅文学艺术学院、陕甘宁边区行政学院和延安自然科学院统一并入延安大学，但将延安民族学院保留原有建制。1944 年 4 月，为将民族学院的理论与陕甘宁边区的少数民族实际情况相结合，中央决定将延安民族学院迁往距离回族、蒙古族等民族都较近的定边，划归三边地委领导，与三边师范合并，组建成三边公学。1945 年春，伊盟工委恢复之后，西北局再次决定将学院迁往内蒙古城川，由伊盟工委领导。1947 年 4 月，受内战影响，民族学院东渡黄河暂时落脚于山西临县的倪塔沟，1948 年 4 月，民族学院迁到吴起镇金佛坪，西北局决定不再保留该学院建制，将其并入三边干部培训学校，由伊盟工委负责。

延安民族学院在成立近七年的时间里，为我党培养了大量的优秀民族干部，为抗战团结了最广大的少数民族群众，促进了抗战的胜利结束，同时也为研究中国民族问题、创新民族理论、制定民族政策作出了不可磨灭的贡献。同时，中国共产党对延安民族院校办学方式、教学内容、学制、教学管理等各方面的不断探索也为新中国成立后民族院校的筹办提供了宝贵的经验借鉴。

二、红军三过单家集　回汉兄弟一家亲

单家集，位于我国六盘山区的宁夏西吉县兴隆镇，是一个以回族为主的回汉杂居村，其中回族居民占 95% 以上，大都信奉伊斯兰教。在这个名不见经传的地方留下了“红军三过单家集，回汉兄弟一家亲”等许多流传后世的红色佳话和动人故事。这些故事向世人传递和展示了中国共产党与少数民族之间的鱼水之情。

所谓“三过”，是指从1934年10月到1936年10月，红军在二万五千里长征时曾三次路过并驻扎于此。虽说是“路过”，但中国共产党每次在单家集停留都与当地百姓和平共处，互敬互爱，严格贯彻了党的民族和宗教政策，给回族人民留下了深刻的印象，让回族人民更加了解中国共产党。

1935年8月15日，红军第一次在宁夏西吉县光隆镇单家集一带停留。红二十五军在军长程子华、政委吴焕先和副军长徐海东的率领下，3000多士兵先行进入甘肃静宁县以北的西吉县境内，分布在兴隆镇单家集一带做短期休整。作为第一支进入六盘山回族聚居区的红军队伍，军长程子华对此十分重视。为保证万无一失，政委吴焕先在行军前就带领红军全体指战员认真学习了党的民族政策，他要求红军战士们必须严格遵守回族人民的风俗习惯，尊重回族人民的宗教信仰，运用正确的方式积极主动与回族人民加强沟通，建立起稳固联系。此外，为加强红军队伍的纪律，红二十五军制定了红军部队“禁止驻扎清真寺、禁止吃大荤、禁止毁坏回文经典”的“三大禁条”以及注意“讲究清洁、尊重回民的风俗习惯、不准乱用回民的器具、注意回汉两大民族的团结”的“四项注意”[①]。

红二十五军在进入单家集后，部队的宣传员立即把“三大禁令”和“四项注意”写成大标语贴到街上，而且还广泛张贴《告回族人民书》等标语，向广大回民宣传红军与回族同胞亲如一家等其他党的民族政策。与此同时，政委吴焕先还主动会见了当地的宗教人士，召开了阿訇座谈会，向他们宣传共产党的抗日主张和红军的政策和纪律，并声明红军在当地不征粮，不抓壮丁，只是短暂休整，打消了回族群众的思想疑虑。[②]红军战士牢记指示，始终与当地回族人民友好相处，纪律严明，不拿回民一针一线，坚决执行党的民族政策。此外，红军中的医护人员还主动给回族群众看病、照顾患者，赢得了回族群众的好感和支持。回族地区

① 中共延安市委统战部组编：《延安时期统一战线史料选编》，华文出版社2010年版，第35页。

② 刘伟：《红军长征三过单家集》，《中国穆斯林》2018年第5期，第13页。

回汉兄弟亲如一家

到处都传播“红军好”的声音。当地的老百姓也积极支持红军的活动，甚至还有部分青年主动提出要加入红二十五军，与红军战士们一道保家卫国。这就是爱国的力量。

虽然这支队伍在此地只休整了三天，但是通过积极贯彻党的民族政策，受到了回族人民的热烈欢迎与热情款待，产生了良好的反响，很快与这里的人民打成了一片。临行前，军长程子华为了答谢当地群众，手书了“回汉兄弟亲如一家”的锦匾亲自赠予

“陕义堂”清真寺，此外，他还让红军将士们牵着六只大肥羊、拿着六个银元宝一同送到了“陕义堂”清真寺。至今红军当年赠送的“回汉兄弟亲如一家”锦匾依然鲜艳夺目。

说到这里，不得不提及“陕义堂”清真寺这一名字的由来。相传清朝同治年间西北回民起义时，回汉关系紧张，但今固原市西吉县属葫芦河沿岸硝河城、单家集等地回汉关系一向亲密友善，未酿成仇杀惨祸。当清军曹克忠部入境追剿陕甘回民军时，曾蓄意挑拨陕西汉民与回民的民族矛盾，但单家集回汉两族人民始终保持着良好关系。回民起义被镇压后，这个地方及其周边地区就被左宗棠选定为民族迁徙后陕西回族人民的理想生活地区。同时，为了表达陕西汉族人民对回民于危难之时仗义执言、舍身忘己的无私帮助，将此地建立的清真寺命名为“陕义堂”清真寺，以此纪念回汉两族人民的真挚友谊与亲如一家的和谐关系。一个“义”字道出了陕西汉族人民的大气，映出了回汉两族人民珍贵无比的友谊，更亮出了中华民族包容大气、和谐共处的优良传统，无论何时，各族人民始终能够团结一心、和平相处。这也是各族人民能够在抗战时期抛弃民族偏见，共存共生，在党的“抗日民族统一战线”政策的号召下，迅速地团结起来，共克时艰的“奥秘”所在。

三天的时间虽短，但红二十五军在单家集回族人民心中留下的印象是深刻的。此次短暂停留，红军不仅向当地民众展示了严明的纪律，也赢得了回族人民对共产党的信任和赞扬，红二十五军因此被回民誉为“仁义之师”，这为红一方面军大部队的顺利到来打下了坚实的基础。

红二十五军走后不久，10 月 5 日，毛泽东等领导人率领的红一方面军（中央红军）一、三军团和中央领导机关兵分左右两路顺利进入今西吉县境，其中，毛泽东、张闻天、王稼祥等中央领导随一纵队于傍晚时分来到了单家集。由于红二十五军的前期工作成效显著，红军第二次来到单家集受到了回族群众更加热烈的欢迎和盛情的款待。

“单家集夜话”复原场景

毛泽东一进单家集就去“陕义堂”清真寺拜访了当地阿訇马德海，表达了共产党和红军对当地回族群众的真诚感谢。阿訇马德海十分热情地带领毛泽东参观了这座历史悠久的寺庙。当晚，毛泽东还与阿訇马德海在寺庙北厢房的炕头上促膝长谈，留下了“单家集夜话”的动人故事。这次谈话，毛泽东向阿訇讲述了当时国际、国内的发展形势，倡导民族团结，重申了红军“三大禁令，四项注意”的纪律，再次阐明了共产党和红军始终奉行的民族平等团结的基本政策等。同时，马德海向毛泽东详细介绍了当地回族人民的生产生活状况、回族人民宗教信仰、风俗习惯等基本情况。通过马德海的介绍，毛泽东进一步了解单家集的回民情况，也为之后在陕甘宁边区制定正确的民族宗教政策奠定了基础。毛泽东和阿訇马德海的彻夜长谈成为后人流传的佳话。

当晚，毛泽东夜宿清真寺旁的张春德家。次日凌晨，毛泽东等人一早便率领红军部队离开了单家集。在他们离开的半小时后，国民党的轰炸机飞到了单家集上空并向村庄投掷了七颗炸弹，其中两颗炸弹正好落在了张春德家的院子水井里，另几颗炸弹落在清真寺的礼拜大殿前，当场炸飞了一株果树，还炸死了院里的两头小毛驴，整个村庄顿时一片狼藉，当地老百姓的生命财产安全面临极大的威胁。但幸运的是毛泽东等人如"未卜先知"般离开了这里，安全躲过了国民党的肆意轰炸，终归算是"有惊无险"。国民党的"围剿"计划又一次破灭了。至今，清真寺北厢房仍有20多处炸弹留下的痕迹。那一个个弹孔不仅承载着那段艰难困苦的岁月，更见证了中国共产党与单家集人民的深厚情谊。

红军最后一次在单家集停留是长征即将胜利之时。1936年9月14日，以彭德怀为司令员兼政委的西方野战军下辖一军团在代军团长左权、政委聂荣臻的率领下第三次来到单家集，驻扎了40多天。驻扎期间，他们在当地群众的支持下建立了西吉县境内的第一个红色政权——"单家集回民自治政府"，成立了中共静宁县委和县苏维埃政府，由当地村民"马云清任主席、马忠元任副主席，马进山、马尚德、罗忠孝、刘正奎、马正有、马占海、曾正还（红军干部代表）等7人任委员。"① 在共产党的领导下，以马云清为主席的自治政府积极"动员妇女给红军战士做军鞋300多双、土布500多匹、棉衣500多件，并赠送羊300多只、银圆5万元"②，为红一、二方面军在将台堡胜利会师提供了有力的军需保障。此外，马云清还号召广大回民青年踊跃参军，

① 宁夏百科全书编纂委员会编：《宁夏百科全书》，宁夏人民出版社1998年版，第652页。

② 刘伟：《红军长征三过单家集》，《中国穆斯林》2018年第5期，第15页。

不断壮大了红一军团直属回民连。他的出色工作受到了红军将士的普遍赞誉。后来，红军撤离时，为他写下了“筹备军需，广招信敏，供给粮秣，德育才能”[①]十六个字，以此赞扬他和广大回民为党和红军作出的突出贡献。

“红军三过单家集”让中国共产党的红色基因和精神血脉深深扎根于此，留下了“回汉兄弟一家亲”的佳话。在这里，红军模范执行党的民族政策和群众纪律，与回族人民团结一心，共同开展了独立自主的群众运动，对这一地区的政治、经济、文化以及民族关系等各个方面都产生了十分深远的影响。红军尊重民族风俗习惯，密切与少数民族群众建立良好关系，发展革命武装，建立红色政权，在少数民族地区播下了革命的火种，有力地推动了中国的革命事业，而“单家集”也因其独特的红色革命意义，成了中国革命史上的一颗璀璨明珠。

三、红色回乡豫海县　民族自治创先河

著名记者埃德加·斯诺曾来到陕甘苏区后，见证了人类历史上的许多奇迹。其中，他“在宁夏的时候就碰到了一件极有意义的事”[②]。这件“极有意义的事”就是见证了中国共产党领导下的“豫海县回民自治政府”的成立。豫海县回民自治政府是中国共产党人建立的第一个县级回族自治革命政权，是中国共产党对民族区域自治政策的最初实践，是中国共产党实行少数民族区域自治政策之后最成功的实践活动。因此，这确实可以称得上是一件“极有意义的事”。

为巩固和扩大陕甘宁革命根据地，1936 年 5 月，中共中央决定撤销陕甘省，成立陕甘宁省，并成立陕甘宁省委和陕甘宁省苏维埃政府。5 月 25 日，为号召各民族群众团结起来、共赴国难，共产党第一次明确提出民族区域自治理论，中华苏维埃共和国中

① 刘伟：《红军长征三过单家集》，《中国穆斯林》2018 年第 5 期，第 15 页。

② [美] 埃德加·斯诺著，董乐山译：《红星照耀中国》，人民文学出版社 2017 年版，第 331 页。

央政府主席毛泽东签发的《对回族人民的宣言》，提出当前的主要任务是“巩固后防，发展抗日根据地，联合一切不愿做亡国奴的人民及各民族，首先是联合西北的各民族的人民，以准备直接对日作战是最为重要的。”[①]《宣言》指出，红军西进对全民抗战具有重要意义，为西北蒙古族和回族人民以及其他弱小民族的民族解放与独立提供了十分有利的条件。为了切实帮助少数民族实现民族解放，《宣言》分七条内容向回族人民宣言，主张根据民族自决的原则，“回民自己的事情完全由回民自己解决。凡属全是回民的区域，由回民自己建立独立自主的政权，解决一切政治、经济、宗教、习惯、道德、教育以及其他的一切事情；凡属回汉杂居的区域，亦以区乡村为单位，回民自己管理自己的事情，在民族平等的原则上，建立联合的政权，解决回汉两民族共同的问题。”[②]这是中国共产党在延安时期基于少数民族实际情况，制定的符合民族地区发展需要自治政策的一次大胆尝试。

《宣言》发表后，红军西进解放了豫旺（今宁夏同心县）、海原、固原等回民地区，并开始着手进行建立回民自治政权的大胆尝试。1936 年 6 月 27 日，豫旺县城下马关解放后，在区、乡苏维埃政府基础上，红军部队立即拟定计划，在当地人民的支持下，建立了中华苏维埃豫旺县回民自治政府。但为了贯彻落实瓦窑堡会议的重要指示，建立最广泛的抗日民族统一战线，中央决定将豫旺县政府名称改为“陕甘宁省豫海县回民自治政府”。“豫海”包括豫旺县的全部地区和海原县的东部，整体“面积约八千二百多平方公里，人口约三万余”[③]。8 月，中共陕甘宁省委书记李富春受中央委托来到同心城，与红十五军团的王首道、程子华、唐天际、王柏栋、黄镇、杨奇清、马青年等人组成了豫海县回民自治政府筹备委员会，主要负责自治政府成立前的文件起草、政府机关人员拟定等前期准备工作。10 月初，筹委会向

---

①《建党以来重要文献选编（1921—1949）》第 13 册，中央文献出版社 2011 年版，第 129 页。

②《建党以来重要文献选编（1921—1949）》第 13 册，中央文献出版社 2011 年版，第 129 页。

③ 中共延安市委统战部组编：《延安时期统一战线研究》，华文出版社 2010 年版，第 366 页。

中共中央、中华苏维埃共和国中央政府、中央革命军事委员会、红军总部、各回民独立师游击队及宗教界教主名人等发出关于《召集豫海县回民自治代表大会通电》。《通电》指出：

中国回民从来没有自己的政权，受尽了一切压迫剥削与屠杀的痛苦，在国民党的大汉族主义与回奸马鸿逵等统治之下，我西北回民所受之一切痛苦更百倍甚于往昔。今在红军援助之下，使我豫海回民向来所受之痛苦得以一旦解除，真正实行了回民的自由，回民自一切苛捐什税抽丁派款等苛款完全废除，不论男女老幼无不欢欣鼓舞相庆更生，这一铁的事实更足以证明只有中国共产党苏维埃所主张之民族自决，才是全回民与各少数民族之惟一救星。现在各处最热烈的进行回民自治群众运动的动员，并决定于本月廿日召集各地回民代表回民教主名人举行豫海县回民自治代表大会，准备讨论西北形势与回民自治与抗日救国各问题，正式成立豫海县回民自治政府，会后坚决在共产党领导之下，以争取豫海回民中国同民之永远的解放。[①]

《通电》全文500余字，字里行间都表露出党对回族人民所受苦难的极大同情、对西北民族解放运动的极大支持以及对团结回族人民共同抗日的决心与信心，中国共产党愿意团结各族人民，为实现中华民族的独立与解放不懈奋斗。

10月20日，豫海县回民自治政府代表大会在同心城大清真寺隆重召开，各区、乡民代表和被邀请的各阶层人士共300余人齐聚一堂，共商抗日救国大计，讨论成立中国历史上第一个县级少数民族自治政府等相关事宜。经过三天的热烈讨论，大会最终通过了《陕甘宁省豫海县回民自治政府条例》《减租减息条例》《土地条例》以及其他决定。大会选举产生了豫海县回民自治政府主席马和福（回族）、副主席李存德（回族）、军事部长马青年（回民独立师师长、红军代表）、文化宣传委员李振华、粮食

① 宁夏档案局（馆）编：《抗战时期的宁夏——档案史料汇编》（上），重庆出版社2015年版，第154页。

陕甘宁省豫海县回民自治政府成立大会会址

没收委员周生录、保卫委员杨金朝、财政委员白生彩。22 日，豫海县回民自治政府正式宣布成立，并公布了其下辖的 6 个巩固区和 2 个游击区。为加强党对自治政府的领导，中共陕甘宁省委当时还从中央党校抽调部分党员干部，组成中共豫海县委，贺恩宽任县委书记，韩民栋任少共书记，韩效忠任组织部部长，机关临时驻在王家团庄。[①] 当时，中央机关报《红色中华》还对自治政府的建立做了多次报道，盛赞这是“回民解放的先声”。

① 中共延安市委统战部组编：《延安时期统一战线研究》，华文出版社 2010 年版，第 367 页。

豫海县回民自治政府在中国共产党的领导下，组织豫海地区回族人民积极投入抗日救亡和扩大根据地的斗争。他们张贴布告、派出干部深入群众宣传党的民族政策、抗日主张，在乡村组织“回民解放会”“回民抗日救国会”“回民联合会”等抗日团体；在经济上宣布废除一切苛捐杂税，实行减租减息的土地改革，组织群众发展生产，恢复商业，对商业实行保护、鼓励政策，以至于“同心城商业繁盛，数信往昔”。同时，政府还决定成立由马和福兼队长的县游击大队，担任警戒放哨，灭匪反霸，帮助红军打击敌人的任务。

马和福（1893—1937），经名尕西姆，是中国第一个县级少数民族自治政权——豫海县回民自治政府主席，是党的历史上杰出的回民干部，他坚定不移地支持中国共产党的领导，全心全意地为民族解放而斗争，不遗余力地将民族团结的“红色种子”播撒在豫海这片土地上，号召回民团结一致，带领回民奋勇杀敌，立下了汗马功劳，是值得我们永远铭记的“回民英雄”。

1936年，当红军西进同心城时，马和福并未像其他群众一样，听信谣言，四处躲藏。在看到红军战士对回民的真诚关心，感受到红军队伍的严明纪律后，他主动向红军了解共产党的历史，积极向党靠拢。在党的感召下，马和福主动帮助红军向当地回民宣传党的民族政策，东奔西走，号召广大回民返乡为红军会师筹“欢迎粮”、捐“抗日款”。马和福真诚待人的性格以及为民办实事的态度受到了党和人民的一致好评。经马青年、欧阳武两名党员介绍，于1936年7月加入中国共产党。同年10月，他在豫海县回民代表大会上受到了人民群众的一致推举，当选为自治政府主席。担任主席之后的马和福思想上从未松懈，反而加紧进行党的统战工作，逐步成长为一名优秀的回民党员干部，为党在回民地区各项工作的顺利开展作出了重要贡献。

10月25日，豫海自治政府成立之后的第三天，马和福以政府主席的名义发布了《北围子四周围的同胞们》的布告，他在布告中写道：

同胞们！不要怀疑和害怕人民红军，历史上没有见到这样文明的军队到我同心县城一带，不但帮助人民取消苛捐杂税，使我们得到解放，特别遵守我族的风俗习惯与尊重我们的宗教。我们力求整个民族解放，只有同红军联合起来，团结起来组织回民解放会，为自己的独立解放而斗争！①

马和福在布告中真诚号召民族同胞们与共产党携手共建民族美好未来，为实现民族独立自由而努力奋斗！

1936年11月，红一、二、四方面军胜利会师后陆续到达同心城，各族人民夹道欢迎，并召开了军民联欢大会，朱德、彭德怀、贺龙、徐向前等各军事领导均出席大会并发表讲话，马和福代表豫海县回民自治政府和各族群众热情致辞，他在讲话中再次强调，希望全县人民要相信中国共产党，相信中国工农红军，并号召群众以实际行动积极支援红军！在马和福的积极动员和组织下，通过号召当地大户捐赠、没收逃亡地主财物等方式，先后共征得粮食6万斤，筹措银圆8万块，毛皮衣1000件，这些物资不仅供给红军，还分配给了当地穷苦农民，马和福也因此被回民亲切地称为“民族之子”。

红军三大主力胜利会师后，便撤出了同心地区，继续向东部转移。不久，同心城便遭到了胡宗南、马鸿逵部的围剿，他们四处搜捕共产党员和自治政府干部，导致刚刚成立的红色政权被迫转入地下，革命形势瞬间陷入低潮，但这并没有打垮马和福和自治政府的其他党员干部。在国民党搜捕自治政府的相关文件时，豫海县下流水乡回族群众石占魁把自治政府的布告《告北围子同胞书》藏在《古兰经》内保存下来，马和福的儿子和其他群众冒着生命危险保存了自治政府的印章，他们坚信红军一定会回来，再次带领回族人民实现民族解放。但不幸的是，他们首先等来的却是马和福的死讯。1937年4月3日，马和福不幸被捕，在同

① 李自德，王耘主编：《抗战时期的宁夏——档案史料汇编》（上），重庆出版社2015年版，第162页。

心城外英勇就义，年仅44岁。

为纪念马和福的英勇事迹，后人做了一首诗，以此悼念英魂：

六盘山垂沉下脸，
清水河
朴哗哗血泪滚翻；
山丹丹弯腰悼英雄，
沙蒿草
抚盖上和福的躯干。
山在呼啊水在唤，
英雄啊
莫忙闭智慧的双眼；
马和福英灵永不散，
化彩虹
豪气儿冲上了九天！①

马和福牺牲后，豫海县回民自治政府的活动也被迫终止，但党领导人民对民族区域自治的探索仍在继续。1937年国共开始第二次合作，正式建立了抗日民族统一战线，形成了全民族团结抗日的新局面。同年9月6日，中国共产党在陕甘宁边区成立了边区政府，开始公开合法地领导边区根据地建设。在此期间，中国共产党不断加强对马克思主义民族理论与民族政策的系统研究，并结合少数民族的情况和特征，制定出更加科学合理的民族政策，加快推进民族区域自治进程。

1937年7月，中共中央成立了少数民族工作委员会，将原来的蒙古工作委员会和定边工作委员会，改组为蒙古工作部和回民工作部，主要负责西北地区的少数民族工作，为顺利开展边区民族工作提供了组织保障。1938年10月，毛泽东在中共六届六中全会上指出："团结中华各族，一致对日"，并要求"允

① 杨少青著：《豫海英杰》，宁夏人民出版社1994年版，第103—104页。

许蒙、回、藏、苗、瑶、夷、番各民族与汉族有平等权利，在共同对日原则之下，有自己管理自己事务之权，同时与汉族联合建立统一的国家。”[①] 这是毛泽东第一次明确提出了“民族区域自治”这一概念，在统一的多民族国家实行民族区域自治，通过自治政府实现并保障少数民族管理本民族事务的权利，他还提出：“在各少数民族与汉族杂居的地区，当地政府应设立由当地少数民族人员组成的委员会，管理同他们有关的事务，在省县政府委员中应有他们的位置；尊重各少数民族的文化、宗教和风俗习惯，发展使用各民族自己的语言文字的文化教育事业；克服大汉族主义，禁止任何对少数民族带侮辱性和轻视性的语言、文字与行动。”[②]

会后不久，为了顺利开展民族区域自治工作，中共中央决定成立少数民族问题研究所和相关机构，并于 1940 年发表了《关于回回民族问题的提纲》和《关于抗战中蒙古民族问题提纲》，其中详细地指出了团结回族、蒙古族两个民族的具体措施，明确规定了要坚持民族平等的基本原则，尊重少数民族的习俗和文化，尊重少数民族的宗教信仰，并从生产生活等各方面积极主动帮助、改善与提高边区少数民族人民的生活水平。这两份提纲不仅成为抗战期间党开展民族工作，团结回族、蒙古族两个少数民族共同抗战的重要指导性文件，而且还为 1941 年 5 月 1 日《陕甘宁边区施政纲领》这一具有宪法性质的纲领性文件的正式形成做了充足的理论准备，奠定了坚实的基础。

《施政纲领》以法令的形式规定在少数民族聚居区内实行区域自治。从此，边区少数民族人民开始在共产党的领导下有序开展民族区域自治。在政治上，共产党秉承“民族平等、团结抗战”的原则鼓励自治区少数民族联合各阶级和阶层建设自上而下的民主政权，进行民主选举和民主决策；在经济上，边区政府积极组

① 中共中央统战部：《民族问题文献汇编》（1921.7—1949.9），中共中央党校出版社 1991 年版，第 595 页。
② 中共陕西省委党史研究室著：《中共中央在延安十三年史》（下），中央文献出版社 2016 年版，第 773 页。

织动员少数民族人民大力发展边区经济，不断提升人民生活水平；在文化上，党和边区政府在民族地区积极办学，加强少数民族文化教育，进行扫盲活动。这一系列举措不仅为宣传党的方针政策提供便利，也为党组织培养了一大批少数民族党员骨干人才，有力地推进了边区少数民族政治民主化进程，提高了人民群众的民主意识和思想觉悟，进一步坚持、扩大和巩固了抗日民族统一战线。

总之，作为红军西进和豫海县回汉人民共同探索的实践结晶，虽然豫海县回民自治政府仅存在了半年，但它作为中国历史上第一个县级民族自治政权，是革命战争时期党在局部执政条件下对民族区域自治的初步探索，为中国共产党运用民族区域自治解决民族问题积累了宝贵经验，对加强西北地区民族团结，推动少数民族地区人民的解放斗争具有重要意义，也为新中国成立后建立民族区域自治制度提供了范例、奠定了基础、积累了经验。

四、边区迎送可汗灵　尊重信仰促团结

毛泽东诗词写道“一代天骄，成吉思汗”，能让毛泽东用“一代天骄”一词赞颂的正是我国历史上不可多得的英雄人物——成吉思汗。由于日本帝国主义的侵略，为保卫伊金霍洛，保卫内蒙古，保卫中国，成吉思汗灵榇不得不西迁，这一重大历史事件在中华民族的心中留下了深刻的印象，也在中国共产党的历史上留下了浓墨重彩的一笔，成为党团结少数民族，尊重民族宗教信仰的典范和佳话。

孛儿只斤·铁木真（1162—1227），尊号“成吉思汗”（意为“天下之主”），蒙古族乞颜部人，生于漠北斡难河（今蒙古国肯特省）。成吉思汗以聪明善良、公正谦和赢得百姓的拥护和支持，又因其非凡卓越的军事才能和运筹帷幄的谋略艺术，带领蒙古人民东征西伐，结束了当时四分五裂的蒙古草原的游牧

部落状态，统一了蒙古。1227 年 8 月 25 日，成吉思汗在兴兵灭夏途中因病逝世，终年六十六岁。之后，忽必烈实现了其遗志，完成了统一大业，建立了中国历史上疆域最辽阔的王朝——元朝。作为元朝的奠基人，成吉思汗成了维系蒙古族人民团结的一面旗帜。成吉思汗的陵寝位于今内蒙古自治区鄂尔多斯市的伊金霍洛旗甘德利草原上，在一代代达尔扈特人[①]的守护中，成陵近 800 年神灯不灭，成了不可侵犯的"圣地"。作为蒙古帝国第一代大汗成吉思汗的衣冠冢。他的陵墓成了几百年来蒙古人民朝拜的圣地，至今仍有络绎不绝的人们前往朝拜，虔诚祭奠这位为实现蒙古团结统一作出卓越贡献的杰出首领。

1939 年 6 月 11 日，黎明前的鄂尔多斯草原上人头攒动，蒙古族人民纷纷赶来参加一场"特殊"的成吉思汗祭祀大典。为了躲避战火，在这场盛大的祭祀典礼后，成灵将不得不离开它长眠 700 多年的故土，向西迁移。

1937 年 7 月 7 日，日本挑起卢沟桥事变，发动了全面侵华战争。在"欲征服中国，必先征服满蒙"政策的驱使下，日本关东军先于 1932 年扶植溥仪建立伪满洲国，而后相继占领了绥远、包头大部分地区，想要伺机再建立一个伪蒙古国，为实现"分裂中国而治之"的侵略阴谋搭桥铺路。因此，在攻占蒙古大部分地区后，他们积极拉拢蒙古王公投靠日本皇军，并于 10 月任命蒙古王公云王为主席、德王为副主席，扶植其幕僚蒙奸，成立了"蒙古联盟自治政府"傀儡政权，妄图从政治、经济和文化等各个方面腐化、同化蒙古族同胞。同时，日本关东军还派出了百余人的间谍团伙，秘密前往内蒙古伊克昭盟，妄想通过威逼利诱的手段"说服"郡王旗迅速脱离国民政府，将成陵迁往日本占领区。但

① 达尔扈特人，是蒙古族中专门为成吉思汗守陵的部落，也称"守灵人"。达尔扈特是蒙古语，翻译过来的意思是"担负神圣使命的人"。迄今为止，达尔扈特人已经忠诚地为成吉思汗守灵近 800 年，现有大约 2000 人。他们毕生的任务就是专门管理成吉思汗的陵寝和有关祭奠工作。达尔扈特部遵照成吉思汗的遗训，永不担任任何官职，也不负担官差徭役。达尔扈特的男人，一生只能做有关守卫成陵和祭祀的事情。父亲教给儿子关于祭祀和管理的各种仪式和方法，学会《伊金颂》《苏勒定颂》《窝奇特经》。这是他们的专门事业，这项事业代代相传。

郡王旗人民在民族大义面前毫不妥协退让，拒绝作出卖民族利益的可耻勾当。“游说”计划失败后，日本人竟丧心病狂地试图摧毁成陵，并怂恿当时的傀儡政府副主席德王派出奸细盗劫成吉思汗的遗骸。此举引起了蒙古人民强烈的担忧与愤慨。因此，为了防止日本的阴谋得逞，保卫蒙古人民心中的“圣地”，捍卫蒙古人民的“信仰”，时任国民政府委员、伊克昭盟盟长的沙王于1939年1月14日赴重庆述职时，专门向国民党政府提交了《成陵危在旦夕，呈请最高当局谋计保护》的议案，明确提出将成陵西迁的请求。他认为，只有这样才能保证成吉思汗的灵榇万无一失，否则难免会遭破坏。

民族危难之时，这一议案引起了国民政府的高度重视，蒋介石深知成吉思汗对蒙古人民的意义，对中华民族的意义，对全民抗战的意义。为维护抗日民族统一战线，团结各民族共同抗日，他亲自对这一议案作出“成陵关乎民族之精神，不可等闲视之”的批示①，并提请国防最高会议复议，以尽快回复沙王与广大蒙古同胞。但是，当时国民党当局为了防止日后落下“汉人劫陵”的口实，便让沙王亲笔写了“移陵签请”，提交给了当时的蒙藏委员会委员长吴忠信。3月13日，行政院院长孔祥熙签发了渝秘字第21号训令，称“经呈国防最高委员会第一次常务会议决议：可先准备于必要时迁移青海，其办法由蒙藏委员会商沙王拟定。”②其间经过数次碰面磋商，双方最终敲定成灵于6月11日从鄂尔多斯起灵，先行前往甘肃榆中县兴隆山，随后再迁。为保证迁灵行动万无一失，蒙藏委员会还详细制定了《成吉思汗灵榇迁移办法》。广大蒙古族同胞得知成陵即将西迁的消息后，虽然心中有众多顾虑与不舍，但是处在这样复杂的战争年代，他们知道只有将成陵西迁，远离抗战前线，才是保卫成灵最好的办法，他们现在能够做的，只有衷心祈祷有朝一日成灵能够再次平安迁回这片土地，再次护佑蒙古人民。

---

① 李蓉，叶成林著：《第二次国共合作史》第1册，团结出版社2017年版，第295页。

② 郭雨桥：《成吉思汗祭祀全书》，新华出版社2008版，第289页。

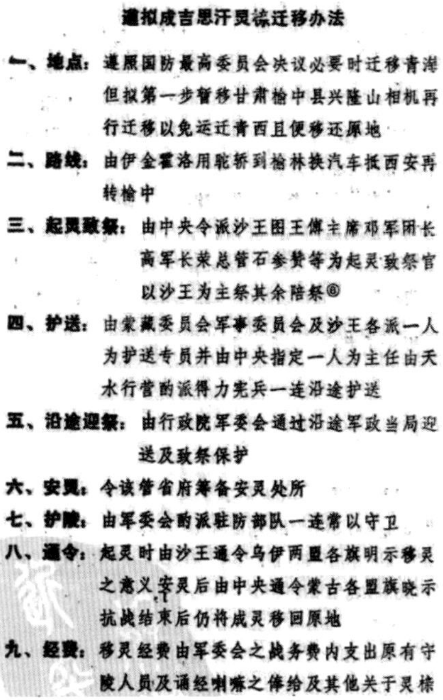

遵拟成吉思汗灵榇迁移办法

一、地点：遵照国防最高委员会决议必要时迁移青海但拟第一步暂移甘肃榆中县兴隆山相机再行迁移以免运迁青西且便移还原地

二、路线：由伊金霍洛用驼轿到榆林换汽车抵西安再转榆中

三、起灵致祭：由中央令派沙王图王傅主席邓军团长高军长荣总管石参赞等为起灵致祭官以沙王为主祭其余陪祭⑥

四、护送：由蒙藏委员会军事委员会及沙王各派一人为护送专员并由中央指定一人为主任由天水行营酌派得力宪兵一连沿途护送

五、沿途迎祭：由行政院军委会通过沿途军政当局迎送及致祭保护

六、安灵：令该管省府筹备安灵处所

七、护陵：由军委会酌派驻防部队一连常以守卫

八、通令：起灵时由沙王通令乌伊两盟各旗明示移灵之意义安灵后由中央通令蒙古各盟旗晓示抗战结束后仍将成灵移回原地

九、经费：移灵经费由军委会之战务费内支出原有守陵人员及诵经喇嘛之俸给及其他关于灵榇

《遵拟成吉思汗灵榇迁移办法》

6 月 11 日，以沙王为起灵主祭官，由蒙藏委员会成员以及邓宝珊、白海风等国民党军政要员陪祭，这场“特殊的”祭祀大典在万千蒙古人民的悲伤中结束。大典结束后，成吉思汗灵榇在 22 位忠诚英勇的达尔扈特人的护卫下，离开了这片常驻了 700 多年的草原，开始向西迁移。

按照协定的西迁路线，榆林是成吉思汗灵榇西迁离蒙入陕的第一站，之后还将途经延安。当时，中共中央高度重视此次成灵过延工作，对成灵的到来做了充足的准备工作。早在6月初便成立了“迎灵办事处”，这个办事处设立在延安城东约八里处的桥儿沟，办事处的主要成员有边区政府秘书长曹力如、八路军留守处参谋长曹里怀以及其他有关部门的负责同志，还邀请了国民党肤施县党部书记长高仲谦、县长马豫章等。[①]在中共中央的指导下，紧张有序地进行着迎灵前的各项准备工作，于成灵必经之地十里铺设立灵堂，准备进行盛大的公祭典礼。

6月15日下午3时，送灵车队到达榆林时，鞭炮齐放，数万名榆林民众在烈日下焚香瞻拜，以表达对成吉思汗最崇高的敬意。次日，送灵车队接着从榆林出发，沿途均贴有“继承成吉思汗精神抗战到底”等标语。6月18日，经过米脂城（当时是中国共产党领导下的国民革命军第八路军的防区）时，中国共产党中央委员会、国民革命军第八路军总司令部在这里举行了祭奠仪式。其中，谢觉哉代表中共中央宣读了激情满怀的祭文，缅怀成吉思汗的伟大功绩，号召蒙古以及各族人民传承成吉思汗不屈不挠、英勇无畏、保家卫国、追求团结的伟大精神。当晚，八路军后方留守兵团还派出一连官兵，协助达尔扈特人负责成灵的安全保卫工作。

6月21日，成灵到达延安。为了表示中国共产党以及中国军民对成吉思汗的敬仰与其灵榇的欢迎，上午8时，中共中央代表谢觉哉、中央统战部副部长柯庆施、八路军代表滕代远、总政联络部部长王若飞、留守处政治部主任莫文骅、边区代主席高自立、秘书长曹力如、国民党肤施县党部书记长高仲谦、县长马豫章、电报局长汪克毅等人，早早到十里铺灵堂前等候着送灵车队的到来。灵堂早已被精心布置，灵堂两侧写着“蒙汉两大民族更亲密地团结起来”“继承成吉思汗精神抗战到底”，横批“世界巨人”[②]。

---

① 政协陕西省委员会文史和学习委员会编：《陕西抗战史料选编》，三秦出版社2015年版，第293页。

② 郭雨桥：《成吉思汗祭祀全书》，新华出版社2008年版，第296页。

延安民众敬送成吉思汗灵榇

从这副对联中足以看出我党对成吉思汗的崇高敬意，以及对迎灵任务的高度重视。除了两党主要军政领导人，抗日军政大学、女子大学、鲁迅艺术学院、工人学校、边区政府机关，边区各人民团体、抗日后援会等百余单位共计万余名群众，高举红旗、标语旗，自发列队走上街头迎灵。上午 11 时，送灵车队在尘土飞扬中出现在人们视线中，紧接着这片土地上立刻沸腾了起来，热烈的口号声此起彼伏，迎灵队伍高喊着“保卫伊金霍洛！”“保卫

延安民众敬送成吉思汗灵榇

内蒙！”“保卫中国！”“蒙汉联合起来，打败日本帝国主义”①，喊声震撼山野，场面十分壮观，延安人民的真诚与热情令送灵的蒙古同胞们十分感动。

在庄严而热烈的口号声中，灵车队放慢速度，驶进欢迎队伍中。道路旁的人们看到了黄色缎幔蒙罩着车顶，两旁还站有数名

① 中共陕西省委党史研究室著：《中共中央在延安十三年史》（下），中央文献出版社2016年版，第780页。

头戴纱帽、身着圆领蒙古服装的蒙古族达尔扈特守灵人，他们端正笔直地站着，守卫着心中的“神明”。灵车正中悬挂着成吉思汗的巨幅画像。画像上的这位蒙古族大英雄身穿蒙古族长衣，背披利剑，虽两鬓发白，但英气丝毫未减。

成吉思汗的灵榇是一个长方形的银棺，长三尺余，宽约一尺五寸，高约一尺四寸，外面镂有蔷薇花纹，闪闪发光。汽车开到灵堂前停下，众人将银棺置于灵堂正中，供上祭品。案前香烛燃起，云烟袅袅腾升上空。安置停当后，由边区政府秘书陈行健司仪，一声“肃立”群众垂手恭立，继则奏国乐，鸣炮。①

随后，盛大的公祭典礼便开始了。按照中共中央的决定，公祭典礼由谢觉哉主祭、滕代远、柯庆施、高自立、莫文弊、王若飞五人陪祭，曹力如读祭文。

谢觉哉带领全体人员向灵柩行礼后，党中央、八路军、八路军政治部、留守处、中央统战部、边区党委、边区政府、教育厅以及肤施县等各单位紧随其后，接着由边区秘书长曹力如读祭文，祭文如下：

元朝太祖，世界英杰，今日郊迎，河山生色。而今而后，五族一家，真正团结，唯敌是仇。平等自由，共同目的，道路艰难，携手努力。艰苦奋斗，共产党人，煌煌纲领，救国救民。祖武克绳，当仁不让，大旱之霓，国人之望。清凉岳岳，延水汤汤，此物此志，寄在酒浆。②

祭文诵毕，公祭典礼到此结束。此时，乐声重起，激荡空际。送灵的二十余名达尔扈特守灵人虔诚地跪在灵堂前，闭目拱手，朗诵蒙经，为此次祭祀典礼画上了圆满的句号。

翌日清晨，延安党、政、军各界代表和在延安的蒙古族同胞

① 政协陕西省委员会文史和学习委员会编：《陕西抗战史料选编》，三秦出版社 2015 年版，第 293—294 页。

② 中共陕西省委党史研究室著：《中共中央在延安十三年史》（下），中央文献出版社 2016 年版，第 780 页。

盛大的成吉思汗公祭典礼

仍自发聚集起来，在南门外大操场，列队瞻仰成吉思汗灵榇，而后排成十里长队目送成灵。为了表达敬意，八路军留守兵团在兵力十分紧张的情况下，仍然抽调了一个精锐的连队加入护送行列。至此，共产党在边区迎送成吉思汗灵榇的任务顺利完成。

数日颠簸后，成灵于 7 月 1 日平安到达甘肃兴隆山安灵，整个成灵西迁工作圆满完成。西迁不仅有效保护了成灵免受战火摧残，而且捍卫了蒙古族人民的信仰，捍卫了中华民族的尊严，彰显了中华民族团结一心的精气神，表达了中国人民敢同一切敌对势力决战到底的勇气和决心，向世界宣告了中国人民大团结的力量是不可阻挡的。

中国共产党对迎灵工作的周密安排，对民族风俗习惯和宗教信仰的尊重，让蒙古族同胞感受到了共产党的热情与真诚，也使党在蒙古族人民群众中收获了广泛的赞扬与支持。为进一步巩固和发展抗日民族统一战线，中国共产党以迎灵工作和民族自治政权建立为契机，加紧对各少数民族开展统战工作。

中国共产党不仅积极联系蒙回民族上层人士，号召各族人民团结一心抵御外侮，并且于1940年2月26日，组织领导边区少数民族成立了延安回民救国协会。在延安回民救国会成立大会上，尽管当时财政困难，但是边区政府仍然坚持决定拨款在延安修建清真寺，以方便回民信众进行宗教活动。清真寺落成典礼于10月初在延安文化沟桃花岭隆重举行，毛泽东亲笔题字，边区政府还赠送了“众志成城”的贺匾。朱德和边区政府副主席高自立、陕甘宁边区中央局副书记谢觉哉到场祝贺，并发表了讲话。之后，由于边区回族信众人口数量增多，共产党决定增加拨款，在回民聚集区先后增建了14座清真寺，充分尊重和保障了回族同胞的宗教信仰自由。1940年3月31日，党还组织在延安的蒙古族同胞成立了蒙古文化促进会。在蒙古文化促进会成立大会上，全体成员讨论选举了促进会理事和常务理事，其中包括许多蒙古族同胞。此外，会议还决定建立“成吉思汗纪念堂”，由毛泽东亲自为纪念堂题字，这为在延安的蒙古族人民祭拜成吉思汗提供了极大的便利。1942年5月5日，蒙古文化促进会还编辑出版了《延安各界纪念成吉思汗专刊》，毛泽东和朱德还分别为专刊题词：“团结抗战”“中华民族英雄”。《专刊》的出版拉近了蒙汉人民的心，有力地推进了民族融合与团结进步。

为了进一步团结宗教人士，巩固和扩大抗日民族统一战线，1940年1月，毛泽东在《新民主主义论》中明确指出：“共产党员可以和某些唯心论者甚至宗教徒建立在政治行动上的反帝反封建的统一战线”[①]。在山西五台山，寺庙僧侣们在中国共产党的号召下，积极支持抗日救亡运动，以聂荣臻为代表的共产党人也主动团结僧侣参加边区建设和抗日工作。在1941年颁布的《陕甘宁边区施政纲领》中明确规定：边区政府“允许任何外国人到边区游历、参加抗日工作，或在边区进行实业文化与宗教的活动”[②]，并承诺坚决保护传教士的安全。在党的宗教政策的支持与鼓励下，越来越多的外国传教士进入边区，观察并记录边区少数民族日常生活和宗教信仰状况，并及时向外界传播。1944年，美国记者斯坦因在《红色中国的挑战》一书中，详细记录了他在陕甘宁边区的所见所闻。他在书中写道，“亲眼所见延安有500个基督教徒，没有一个因宗教信仰蒙受不利。”正是通过这些外国传教士对边区宗教状况的真实记述，让世界看到了真实的延安，看到了真实的中国和中国共产党，大大提升了中国共产党的国际影响力，不仅为中国共产党争取到了更多的舆论支持，也使国民党在边区外传播的诸如“共产党消灭宗教”等谣言和诬蔑之词不攻自破。

此外，边区政府为了尊重少数民族的风俗习惯，规定每逢蒙古族、回族、藏族等民族的节日，边区各机关、学校、部队、团体等必须一律尊重少数民族同志的风俗，为其提供支持和便利，并在经费和伙食标准上给予优待。在党的政策的影响下，边区境内天主教代表主动致信边区政府主席林伯渠，“盛赞边区好风景”，尤其是这里的民主精神实为罕见，他们之前确实“对政府之某些”心存疑惧，如今“为之一扫，豁然开朗”[③]。他还表示今后愿意为边区建设同数百万同胞共同努力，为建立光明的新中国而奋斗！

1949年中华人民共和国成立后，中国共产党始终没有忘记

---

①《毛泽东选集》第2卷，人民出版社1991年版，第707页。

② 中国延安精神研究会编：《中共中央在延安十三年资料重要资料选辑》中（1941.1—1945.9），中央文献出版社2017年版，第24页。

③ 中共陕西省委党史研究室著：《中共中央在延安十三年史》（下），中央文献出版社2016年版，第782页。

日夜牵挂成灵的蒙古族同胞们，也始终没有忘记完成回迁成灵的重要使命。1953 年 6 月，周恩来总理亲自批准了将成吉思汗灵榇迁回鄂尔多斯伊金霍洛的报告，并且特别指示政务院拨 80 万元专款用于新建成吉思汗陵园宫殿。这笔 80 万元的专款对当时百废待兴的新中国来说是一笔不小的开支。在共产党与蒙古族人民的共同努力下，成陵顺利由青海塔尔寺回迁内蒙古伊金霍洛，这让广大蒙古族同胞们感动不已，他们十分感激共产党能够让成吉思汗魂归故里。1954 年 4 月 7 日，成灵重新回到了阔别 15 年之久的故土。4 月 23 日，规模空前的回迁大祭在伊金霍洛举行。

成灵一路从鄂尔多斯到兴隆山、塔尔寺，最后回归故土。从北到南，从东到西，辗转迁移，几经风雨，成灵的西迁和回归见证了历史的巨大变迁，彰显了在民族危亡时刻，国共两党，蒙汉各族人民团结合作的巨大力量，彰显了中华民族的强大凝聚力，成为共产党团结少数民族，尊重民族风俗习惯、宗教信仰的典范和佳话。成灵文化的保护和传承，既是中国共产党民族理论和民族政策的真实映射，也是多民族国家共同团结奋斗，共同繁荣发展的生动写照。我们追寻和回忆那段历史是为了更好地继承党的优良作风，始终坚持正确的民族宗教政策，及时掌握基层民族宗教工作动态，努力引导宗教与社会主义社会相适应，为实现中华民族的伟大复兴凝聚更加团结的力量！

无数事实充分证明，中国共产党自始至终都是全心全意为人民服务的，是民主和进步的，尤其对各少数民族，中国共产党更是始终坚持正确的民族和宗教政策，悉心保护并充分尊重各少数民族的风俗习惯和宗教信仰。这既是中国共产党能够与各少数民族人民结成最广泛的抗日民族统一战线的重要原因，更是中国共产党始终赢得少数民族人民拥护和支持的关键所在。

第四章 拓展国际舞台 走向世界

延安时期，是中国共产党统一战线理论政策全面成熟，统一战线工作取得巨大成功的时期。国际统一战线作为统一战线的重要组成部分，充分展现了这一点。国际统一战线有狭义和广义之分。狭义的国际统一战线就是无产阶级政党在国际上团结一切可以团结的力量以反对共同的敌人而结成的联盟。广义的国际统一战线是指在国际范围内，由不同的社会政治力量（包括阶级、阶层、政党、集团、民族和国家），在寻求共同利益的基础上为实现一定的共同目标而结成的团体、政治联盟或联合行动组织。中国共产党延安时期的国际统一战线主要是指建立广泛的国际反法西斯统一战线，集中表现为国际反日统一战线。中国抗日战争改变了中国共产党与外部世界的关系，中国共产党为了生存与发展，通过国际统一战线理论与实践，与国际社会建立了广泛的联系，以不断扩大影响争取更多的支持，也在不同国际力量对华影响中提升了处理对外关系的能力，为中国人民抗日战争暨世界反法西斯战争胜利作出了重要贡献，为新中国的外交、宣传等工作奠定了基础，至今仍有诸多启示意义。

一、组建机构展平台　国际交往促统战

“秉纲而目自张，执本而末自从”，语出三国西晋傅玄的《傅子》，原意是抓住了提网的总绳撒网，渔网的网眼就自然张开，引申为抓住了根本，其余的细节就会自然跟从。2015 年 1 月，习近平总书记在主持十八届中央政治局第二十次集体学习时引用了“秉纲而目自张，执本而末自从”，指出面对复杂形势和繁重任务，既要有全局观，对各种矛盾做到心中有数，又要优先解决主要矛盾和矛盾的主要方面，以此带动其他矛盾的解决。2018 年 7 月，习近平总书记在全国组织工作会议上的重要讲话再一次引用此句，强调组织路线对坚持党的领导、加强党的建设、做好党的组织工作具有十分重要的意义，强调要在推进党的建设新的伟大工程、落实全面从严治党的实践中切实贯彻落实党的组织路

线。

回望延安时期，面对国际环境的变化，中国共产党做好国际统战工作的“秉纲执本”首先要建机构。机构宜大则大、宜小则小，关键是怎样摆布符合实际、科学合理、更有效率。共产党通过新建、更名、优化体制，完善了国际统战机构的设置，提升了决策和统筹协调能力。其中，主要机构有中共中央长江局国际宣传委员会、中共中央南方局外事组、延安交际处。张闻天领导的中宣部国际宣传委员会、朱德领导的中共中央海外工作委员会，一些办事处、地下党组织，中共中央统战部、陕甘宁边区政府领导组织下的陕北公学华侨联合会、南洋华侨回国服务团驻延安办事处、延安华侨救国联合会也发挥了国际统战的作用。如在上海地下党的配合下，新四军上海办事处1941年3月护送奥地利医生罗生特到达新四军盐城军部，5月护送汉斯·希伯夫妇到盐城军部①，护送和转送新加坡、马来西亚等南洋回国参加抗战的爱国华侨40多人到华中抗日根据地、新四军部队②。据不完全统计，1938年初组建的八路军驻香港办事处在成立后的两年半时间，共收到海外华侨汇款220万元和大量物资；仅1938年和1939年，动员、输送回国的华侨青年就达600余人，其中不少是八路军、新四军急需的专业技术人才。③

（一）中共最早的对外交往机构：中共中央长江局国际宣传委员会

土地革命战争后期，中国共产党的力量在全国遭受了严重损失，尤其是长江流域与南方诸省的中共地方党组织几乎被国民党

---

① 荣健生：《新四军设在上海的秘密办事处》，中共上海市委党史研究室编：《上海党史资料汇编，第三编，全民族抗日战争时期》上，上海书店出版社2018年版，第27页。

② 王平：《回忆南洋华侨经上海参加新四军的情况》，中共上海市委党史资料征集委员会主编：《上海人民与新四军》，知识出版社1989年版，第295页。

③ 张春旺：《新中国成立前中共侨务工作起源与发展》，《人民日报》（海外版）2021年7月16日第6版。

破坏殆尽。现实的挫折状况同中国共产党的伟大使命极不适应，亟待通过自身建设加以改变。1937年5月2日至14日，中共中央在延安召开有苏区、白区和红军代表参加的党的全国代表会议（当时称苏区代表会议）。会议强调党的组织向全国发展，以争取组织千百万群众在党的领导下进入民族革命战场。同年12月，国民政府首都南京失守，国民政府的许多党政军重要机关临时迁到了武汉，武汉成为中国暂时的政治中心。中共中央于12月9日至14日在延安召开政治局会议（即“十二月会议”），决定在武汉设立中共中央长江局，来统一领导南方各省党的工作，发展长江流域和南方各省的抗日运动。同时，组成中共代表团，负责与国民党联系和谈判，继续推动国民党的改革和进步。不久，两个组织合并，对内称长江局，对外称中共代表团。12月23日，中共中央长江局在武汉正式成立。周恩来作为长江局的副书记、中共代表团的负责人，主要负责统一战线和军事方面的工作。

为了争取反法西斯国际民主人士和外国政府的支持，中共中央长江局就中国的抗日战争和中国共产党的政策主张开展国际宣传和统战工作，1938年4月，中共中央长江局成立了下属机构国际宣传委员会及其办事机构国际宣传组，委员会由周恩来、王明、博古、凯丰、吴克坚和王炳南组成。这是中国共产党最早的外事机构，办公场所设在法租界吕钦使街（今江岸区洞庭街冷冻厂一带），由周恩来直接领导。1938年10月底武汉沦陷前，国际宣传组随长江局撤离汉口。

国际宣传组由王炳南任组长，成员有章汉夫、毕朔望、王安娜（王炳南的妻子，德国人）、许孟雄，办公地点位于汉口的意大利饭店。该宣传组的任务主要有三项：一是负责翻译出版对外发行中国共产党领导人的著作，如翻译了毛泽东的《论持久战》《抗日游击战争的战略问题》等著作。二是为共产国际刊物写稿，主要是给共产国际主办的《国际通讯》（英文版）撰稿。三是开展与外国记者、机构和友好人士、团体的联络，如与在武汉的40名常驻外国记者联系，邀请其参加中共代表团举行的记

周恩来和作家艾格妮丝·史沫特莱等国际友人在武汉合影

者招待会，及时提供《新华日报》的新闻资料，实现了外国人与共产党代表的“自由接触”。

周恩来与在武汉的美国圣公会主教洛根·赫伯特·鲁兹(Logan Herbert Roots，吴德施）有很深的交往。吴德施因与共产党人接触较多，甚至要求辖区内每个传教士都要读埃德加·斯诺（Edgar Snow）的《西行漫记》，被称为“粉红色主教”。吴德施带头动员教友捐钱捐物，并向在武汉的西方友人募捐，很快就募集到10.3万元的医疗器械及药品。1938年4月，吴德施即将退休回国。4月11日，周恩来等人在八路军武汉办事处屋顶花园为他举办了一场隆重的告别宴会。宴会结束，周恩来、博古、罗瑞卿等与吴德施合影留念。周恩来还向他赠送了亲笔题词：“兄弟阋于墙，外御其侮——这是吴主教在华四十年的最后宝获；嘤嘤其鸣，求其友声——这是我们希望吴主教带回国去的福音！”[①]几天后，吴德施女儿法朗西斯·鲁兹以全家人的名义为表达对中国人民的感激之情，专门在家中的客厅举办了“告别中国”钢琴独奏音乐会，周恩来夫妇、吴国桢夫妇等国共高层人士应邀参加。1938年4月19日，吴德施主教离开武汉回美国时，4月20日的《新华日报》以“吴主教临行赠言，巩固统一战线”为题发表了吴德施的告别辞。吴德施长子约翰·鲁兹在其晚年出版的著作《CHOU》（中文名《周恩来传》）中对此进行了较为完整的描述。

（二）准外交：中共中央南方局外事组活动的开展

1938年8月，国民政府驻武汉各机关迁到重庆。1940年9月，重庆正式被确立为陪都。作为战时首都，各国驻华使团和新闻机构及各国人民相继迁入重庆，成了战时中国和国际交往的中心。美国、英国、苏联、法国、德国、意大利、比利时、巴西等22个国家先后在重庆设立驻华外交机构；苏、美、英、法、波（兰）、荷（兰）先后派出驻华军事代表团常驻重庆；一些外国的反法西斯组织亦先后在重庆建立机构，开展活动；同盟国的一些重要军事会议在重庆召开；为了加强和协调对日作战，美、英、苏等国军政首脑和军政要员也多次来重庆。1943年10月底，据重庆官方统计，常驻重庆涉及政治与外交、经济与商业、文化、军事等领域的外籍人士达1192人[②]。记者达上百人，来自合众社、塔斯社、路透社、美联社、德新社等国际新闻通讯机构。美国的《时代》《生活》《读者文摘》，英国的《每日邮报》《每日快报》《泰晤士报》，以及《悉尼晨报》《巴黎晚报》《莫斯科世界新闻》等著名报刊在重庆也派驻有记者。由于国民党的新闻封锁，使外国人士们看不到中国抗战的全貌，他们便愿同中国共产党交

---

① 中共中央文献研究室第二编研部编：《周恩来题词集解》，中央文献出版社2012年版，第25—26页。

② 乔松都：《乔冠华与龚澎——我的父亲母亲》，中华书局2008年版，第47页。

往，以了解中国抗战全貌。有自由主义思想的外国记者不满国民党的新闻统制政策，也常常向中国共产党人打听消息。

根据中共六届六中全会的决定，1939 年 1 月 16 日，以周恩来为书记的中共中央南方局在重庆正式成立。周恩来、博古、凯丰、吴克坚、叶剑英、董必武六人为常委。由于国民党不允许共产党在其统治区内公开活动，因而南方局始终处于秘密状态，其领导人大多以中共代表或国民参政员的身份活动。南方局的外事工作是一种特定条件下的“准外交”。

1939 年 4 月，中共中央南方局对外宣传小组成立。1940 年冬季，改称外事组。由周恩来直接领导，王炳南任组长，副组长陈家康，1942 年增补龚澎为副组长。周恩来曾说：“炳南不但是我的左右手，他还是我的耳朵和嘴巴呢！”外事组的主要任务是“搜集各国对华态度和政策情报，宣传中共的对外政策，广交朋友，扩大影响。同时开展华侨工作，指导香港和东南亚地区的中共统战外事工作。”[①]另外，还编译《国际问题资料》和《敌情研究》等油印本。南方局的国际统战工作的基础是中共中央长江局在武汉时期奠定的。周恩来带领外事组积极同各国大使馆，特别是英美大使馆外交官密切交往，并通过举行记者招待会或作演讲，向外国记者讲形势政策，有时还宴请他们。外事组还经常把南方局军事组编写的重要战报和国民党制造摩擦的消息提供给有关使馆和记者。

1941 年 1 月，皖南事变发生。周恩来立即向国民党提出抗议，亲笔题词“为江南死国难者志哀”和“千古奇冤，江南一叶；同室操戈，相煎何急？！”并接连写了一系列文章，运用重庆的《新华日报》进行斗争。同时，立即派遣王炳南、龚澎等走访各国使馆和外国记者，向他们揭露国民党进攻新四军的事实真相，批驳国民党的谎言，阐明中国共产党的政策。

龚澎不顾国民党特务准备绑架她的计划，毅然携带宣传品四处奔走，与外国记者侃侃而谈。她的这种临危不惧、忠诚党的

① 乔松都：《乔冠华与龚澎——我的父亲母亲》，中华书局 2008 年版，第 39 页。

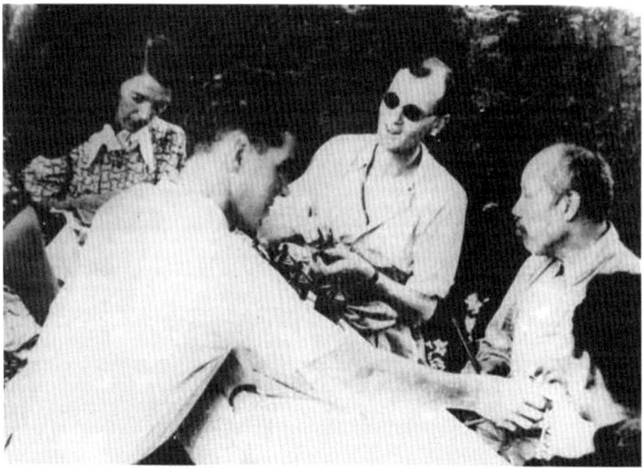

1

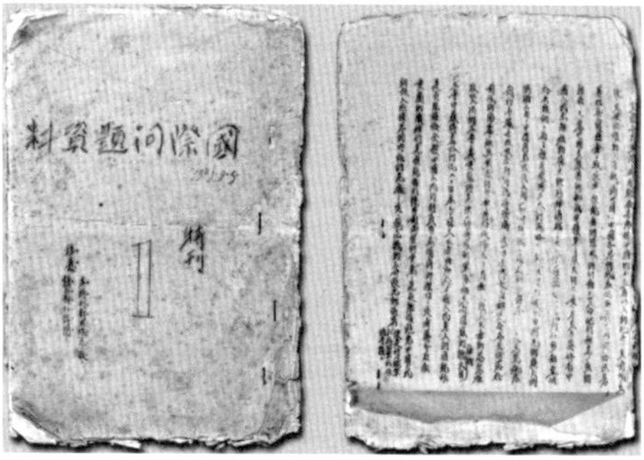

2

1_
董必武在重庆接待外宾
2_
中共中央南方局外事组编印
的《国际问题资料》

事业的精神和外交才能赢得了外国记者的钦佩，称她是消息非常灵通而又富于吸引力的新闻官。有些外国记者时常主动代龚澎传递宣传材料，给她以多方面的支持。驻重庆的美国《联合劳工新闻》记者爱泼斯坦说："她善于利用一切机会来做工作，她往往实际上是在给舆论以正确的引导，但并不让你感到你是在被人引导。"1943 年，费正清以美国国务院文化司对华关系处文官的身份来到重庆，他后来写道："龚澎的性格里既有青春的朝气，又有对中国共产党事业的坚定信念，再加上随军记者所特有的敏锐观察力和清新的幽默感。在 1943 年弥漫在重庆的沮丧的单调气味的气氛中，她那充沛的生命力使人如同呼吸到了一股新鲜空气。她所提出的问题正是民主人士揭露国民党种种罪行的诉状——暗杀、钳制舆论、捣毁印刷厂、捏造罪证而把民主人士投入监狱，不准游行示威，取消罢工权，等等。当斥责国民党拒绝给予自由权，而共产党也同样拒绝给予时，龚澎就站在超然的立场上，显出纯粹的正直了。她知道双方的内情，因为她在彼此争斗的国共双方都生活过。"

1942 年 5 月至 11 月间，周恩来根据中共中央的决定，多次同美国大使馆参赞约翰·卡特·范宣德（John Carter Vincent）、秘书约翰·帕顿·戴维斯（John Paton Davies Jr.）等谈话，表示愿与美进行军事合作。如蒋介石允许，中国共产党愿派军队接受史迪威的指挥，入缅甸作战，并向他们详细介绍了当前国共关系及内战的危险和中共实力状况。周恩来还发信给 1941 年曾来访华的罗斯福总统派遣的特使居里，对美国向中国提供的租借物资将如何使用表示关切，提出中共坚持抗战，反对内战；中共领导的八路军和新四军牵制日本在华兵力的 45.4%，理应相应地享受同盟国对中国的援助，租借物资不应只给国民党的部队。1942 年底至 1943 年初，周恩来在与美方接触中，多次提出租借法案物资应有适当数量分配给解放区，并欢迎美方派人去延安。1942 年间，一些英、美、法荷等国人士在八路军帮助下逃出北平，经晋察冀解放区到达延安和重庆。他们发表的解放区的沿途见闻和解放区的政治军事经济等情况，引起外界的极大兴趣，使人们充分认识到中共军队的实力和解放区的力量。

1942 年 10 月 5 日，周恩来会见美总统特使温德尔·威尔基（Wendell Lewis Willkie）时再次向美方提供国民党制造摩擦的具体材料，说明蒋介石如不改变其反共政策，势必使中国内战加剧，对抗日战争不利。周恩来还指示抽调罗清、蒋金涛于 1942 年起负责编译出版英文小册子，内容主要是选择《解放日报》《新华日报》上发表的重要文章和毛泽东、周恩来等中共中央领导人对局势的讲话，解放区建设情况和外国朋友写的解放区见闻等。散发对象主要是外国记者、使馆和其他外国友好人士。最初出的是油印本，1943 年起改为铅印，内容除介绍各解放区的抗日斗争、民主生活和生产建设等方面的文章外，还全文翻译毛泽东的重要著作《中国革命战争的战略问题》《论联合政府》及其他专门小册子。这种小册子直到抗战胜利出版了 20 多种。油印本每册约印 150 份，铅印本印 100 到 3000 份。小册子印好后都是由外事组干部冒着危险送到外国朋友手里，再转发到海外各地。

通过广泛的对外工作，抗日统一战线政策、八路军新四军的抗日实力和战绩逐渐受到史迪威和美国驻华大使克莱伦斯·爱德华·高斯的重视，在一定程度上影响了美国对华政策。在蒋介石乘第三国际解散之机掀起第三次反共高潮时，由于美国及其他国家都反对中国内战，这次反共高潮便在强有力的国际舆论的配合下被压下去了。[①]

（三）延安之窗：陕甘宁边区交际处的建立

抗战时期，中国共产党为了开展对外国人士的统战工作，特别希望外国人士到抗日根据地考察访问，促进外界对中国共产党及其领导的抗日根据地的了解，并专门成立了交际处，作为当时

① 南方局党史资料编辑小组编：《南方局党史资料·统一战线工作》，重庆出版社 1990 年版，第 332、333、334 页。

延安对外联络的窗口，其全称为陕甘宁边区政府交际处，开展国际统战工作。

第二次国共合作后，在陕北的中华苏维埃共和国临时政府改名为国民政府陕甘宁边区政府，原来的中央政府西北办事处外交部撤销，只保留了一个招待所，负责外来宾客的生活接待。1937年11月底，陈云回到延安，建议中共中央加强外事工作。1938年5月，陕甘宁边区政府颁发了《改变边区政府招待所的建设》的决定，取消招待所，改设交际科，任命曾在白区做上层统战工作的金城为科长。1940年交际科又改为交际处，处长为金城。交际处最初的办公地址设在延安城南的陕甘宁边区政府招待所内[①]。1938年夏天，因发洪水被淹，交际处进行重建，地址设在延安城南的南门外半山坡上，归边区政府秘书处管理。1942年6月，陕甘宁晋绥联防军司令部成立后，交际处改名为陕甘宁边区政府、陕甘宁晋绥联防军司令部交际处。1947年3月，胡宗南军进犯延安，3月14日，交际处的最后一批客人和工作人员撤离延安，在绥德暂驻一个多月后又转移到山西。此后，处长金城也调离交际处，到西北野战军教导团做敌军俘虏军官工作。1948年4月延安收复后，交际处迁回延安。1949年6月后改为陕北行政公署招待所，之后还更名为延安地区干部招待所。1950年6月改名为延安外宾招待所，1955年8月改名为延安招待所[②]。1973年6月，周恩来总理回延安时也住在这里。现为延安交际宾馆。

边区交际处的主要工作首先是接待包括国际人士在内的广大民众。为了招待长期生活在优裕生活条件下的外国朋友，交际处的成员们还学会了做西餐，像炸猪排、牛排、沙拉、鸡蛋糕、

① 交际处管理西北旅社、第二招待所和第三招待所等三个招待所。西北旅社为社会部所办，社会部干部汪金祥、曲日新担任过西北旅社的经理。第二招待所是陕甘宁边区政府招待所，设有三间“特级”客房，史沫特莱、海伦·斯诺、贝特兰访问延安时就住在这里。1938年5月，国民政府行政院派考察团到延安时也下榻在此。第三招待所位于大东门的基督教堂侧面，是利用教堂改设的，称之为中央交际处招待所，为中共中央组织部实际主管的招待所。马雨平：《延安时期的中共中央组织部招待所》，《延安日报》2020年4月21日第8版。

② 延安市志编纂委员会编：《延安市志》，陕西人民出版社1994年版，第502页。

周恩来与外国记者在一起

奶油鸡汤等。[1]同时，承担国际统战工作，即开展战时到延安的外国友人的争取工作。关于这一点，中共中央主要领导人都高度重视。毛泽东对交际处的工作提出明确要求，希望交际处切实发挥自身职能来发展党的统一战线。他进一步指出："交际处统一战线工作一展开，交际处的工作会越来越多，……今后，外边来延安找党、政、军、民、学的中外来宾，都由你们统一接待。"[2]从1938年到1941年，边区交际处就接待来客7000多人。据1942年交际处的总结报告，这一年接待了中外客人2000多人。

① 金城：《延安交际处回忆录》，中国青年出版社1986年版，第314—315页。

② 金城：《延安交际处回忆录》，中国青年出版社1986年版，第4页。

边区交际处建立以后，积极开展对国际人士的统战工作。1940年，陈嘉庚率领“南洋华侨回国慰劳考察团”抵达延安，住宿在延安交际处。在访延期间，陈嘉庚与延安交际处人员和各界群众亲密接触，实际调研了解。他参加了四次延安群众性集会，同毛泽东、朱德和其他党政领导人多次会晤，深入交谈；参观了抗日军政大学、安塞钢铁厂、印刷厂以及延安市容；同延安各界人士和归国华侨青年进行了多次接触和座谈，出席延安各界的欢迎会和欢送会。经过实地考察，陈嘉庚亲眼看到边区军民一致、官兵一致的和谐景象，认为这才是真正的“克敌制胜之本”。他表示，这次访问延安最感到满意的，是真正看到中国共产党坚持国共团结、坚持抗战到底，立场坚定，态度诚恳，对边区各界艰苦奋斗的精神尤为感动。马来西亚华文教育工作者林连玉曾回忆陈嘉庚访问延安归来后有位校友问道：“你这次归国实地考察观感如何？”他说，去年新加坡各社团联合欢迎我，我的演讲措辞是相当悲观的。我曾说，中国要转弱为强，必须等半个世纪才有希望。经过这次回国实地考察，才知道我的话说错了，原来拯救中国的人不但早已诞生，并且已经在那里作出了许多大事了。正是经过访问重庆与延安的深刻对比，陈嘉庚了解了中国抗战的真相，分清了是非，断定“共产党必胜，国民党必败”，在思想认识上产生了飞跃。

1944年6月，中外记者参观团21人访问延安。外国记者主要有美联社、《曼彻斯特导报》《美国基督教科学箴言报》记者冈瑟·斯坦因，苏联塔斯社记者普金科，美国《时代》杂志、《纽约时报》《同盟劳工新闻》记者爱泼斯坦，英国合众社、伦敦《泰晤士报》的记者哈里森·福尔曼，路透社、多伦多《明星》周刊、《巴尔的摩太阳报》的记者莫里斯·武道，美国《天主教信号杂志》记者夏南汉等人，这是中共接触到的阵容最为强大的外国媒体。为此，周恩来要求延安交际处精心安排参观考察。在交际处的安排下，中外记者参观团访问了陕甘宁边区政府、新华社、解放日报社及中央印刷厂、托儿所等单位，并听取了边区政府副主

1

2

1_

毛泽东与中外记者西北参观团部分记者合影

2_

毛泽东、朱德、周恩来、叶剑英同美军观察组成员约翰·帕顿·戴维斯合影

席李鼎铭、秘书长李维汉和部门的报告。毛泽东也抽空与一些外国记者进行了深入的个别交谈。

1944 年 7 月 22 日，美军中缅印战区派赴延安观察组第一批成员抵达，周恩来、朱德、叶剑英、贺龙等代表毛泽东到机场迎接。他们也住在交际处。朱德宴请午餐，毛泽东在王家坪八路军总部为观察组举行了欢迎晚宴。8 月 7 日，观察组第二批成员到达后，贺龙将陕甘宁晋绥联防军司令部一批条件好的石窑洞让给观察组使用，自己将办事地点从南关新市场搬到了北门外。8 月 15 日，《解放日报》发表了经毛泽东修改的社论，标题是“欢迎美军观察组的战友们”。“战友们”三个字是毛泽东审稿时亲自加上去的。可见，中国共产党领导人都很重视国际统战工作。

毛泽东曾向边区交际处处长金城表示：“要我接待几次就接待几次，不要怕浪费时间。”①通过与中共领导人的交谈，外国记者对中共的各项政策有了比较深入切实的认识，并写了大量的报道文章宣传根据地、八路军、新四军和抗日民众，使国人尤其是爱国知识分子从中共身上看到了民族的希望和国家的前途，取得了新闻和外交战线的重大胜利，对巩固和发展抗日民族统一战线起到了积极作用。

二、联谊交友促沟通　力戒空谈求实效

1942 年 3 月 8 日，借纪念国际妇女节之机，毛泽东给中共中央机关报《解放日报》题词“深入群众，不尚空谈”。毛泽东为《七大纪念册》题词时也写下了反复强调的“实事求是，力戒空谈”。统战工作的本质要求是大团结大联合，解决的是人心和力量问题。做好统战工作要有特殊的方式方法，长期以来，形成了坚持党的领导、照顾同盟者利益、联谊交友、教育引导、民主协商、体谅包容、培养代表人士等一些独特的原则和方法。做好国际统战工作，也必须从实际出发，反对自以为是，实事求是地

① 金城：《延安交际处回忆录》，中国青年出版社 1986 年版，第 11 页。

解决问题，以正确的思想方法和工作方法来推动工作。

第一，广勤交友：国际社会与华侨归侨。在接待、统战和外事工作中，上述机构主动出击，与国际社会的上层、下层；政府、党派；个人、团体，以及驻华使馆、外交机构、中外文化协会和国际组织，甚至意识形态迥异的来华人士沟通联络，广交友，勤交友，了解国际形势和对华政策，争取支持，并号召英、美、缅、印、荷、澳、菲、印尼、越、新加坡等各民族的大团结，战胜日本侵略者。中共中央和陕甘宁边区还吸收归侨代表参加具有统战性质的边区参议会，调动归侨参政议政的积极性；邀请爱国华侨访问延安；积极救济归侨；鼓励、支持海外华侨和延安归侨在边区求学深造、参加抗日斗争、兴办实业。根据延安华侨救国联合会1942年6月的会员登记表统计，当时留在延安中央机关、学校和陕甘宁边区政府的归国华侨有220人，在延安以外各县工作的有60人。这280人中，马来亚和泰国的华侨最多，越南次之，其中，学生和工人占多数，中学文化程度占多数。[①]

在收到埃德加·斯诺关于红色中国的十多个提问的问题单后，1936年5月15日，中共中央负责人张闻天在瓦窑堡主持召开中共中央政治局常委会议，讨论“对外邦如何态度——外国新闻记者之答复”，涉及苏维埃政府对资本主义国家的总方针，对不平等条约、外债、外资、外国牧师财产的政策，对日本、英美、苏联的估计和政策。张闻天在发言中指出：“我们立场站在反日统一战线上，故回答方向放在日本方面去，因此需顾及其他帝国主义及其人民之利益，要把这些利益与中国人民利益联系起来。外国人投资我们欢迎，只要是不侵略中国的。我们和国民党不同，我们主张统一战线反对日本，而南京在投降。美国是反对日本的，我们欢迎。但目前消极，有部分人认为日本侵略中国对美国影响很少，是错误见解，我们希望美国能更积极反对日本，并应联合各国。对英国，我们指出，英国外交现在是在歧途上。英国希望

① 彭光涵：《华侨青年与延安》，全国政协文史资料研究委员会华侨组编：《峥嵘岁月——华侨青年回国参加抗战纪实》，中国文史出版社1988年版，第164页。

与日本共同妥协后瓜分中国反对苏联是不可能的。日本侵华影响到英国在东方的统治，对英国是不利的。英国应改变政策。说中国反日运动是为了苏联利益，只有日本是如此说法。”[①] 这就阐明了国际统战的对象和政策，即指导思想是对外立场要站在反日统一战线立场上，运用广泛的统一战线策略，建立国际反日统一战线。这也是中国共产党专门讨论国际关系问题的首次会议[②]。见到斯诺后，周恩来表示，你是一个可靠的新闻记者，对中国人民是友好的，这就足够了，“你不是共产主义者，这对于我们是没有关系的。任何一个新闻记者要来苏区访问，我们都欢迎。不许新闻记者到苏区来的，不是我们，是国民党。你见到什么，都可以报道，我们要给你一切帮助来考察苏区。”[③] 这些给予斯诺的自由活动的诚意，让其惊奇不已。

中国共产党通过宣传、外事等机构及其广泛的活动，与各国外交官、在华顾问、记者，外国医生、作家、学者、商人、技术人员、社会活动家、传教士以及相关团体保持经常联系。中国共产党积极的外交政策，共产国际和国际援华组织的帮助以及盟国政府委派，使得英、美、苏、德、加、波、印、朝、日、新西兰等10多个国家100位国际人士先后到达延安参观、学习、工作和战斗。同时，中国共产党还通过八路军驻香港办事处，联系从事筹募款项、医药工作、儿童保育、工业合作社等活动的“保卫中国同盟”，争取外援，开展对港英政府、在港外国人以及海外侨胞的统战工作。

在八路军驻武汉办事处，周恩来先后接见了美国和加拿大医疗队的领队白求恩和印度援华医疗队的柯棣华[④]、巴苏华、爱德华等人，世界学联代表团，以及安娜·路易斯·斯特朗、路易·艾

① 中共中央党史研究室张闻天选集传记组编、张培森主编：《张闻天年谱：上卷（1900—1941），（修订本）》，中共党史出版社2018年版，第226页。

② 程中原：《有关斯诺访问陕北的史实补充和说明》，《党史文汇》1998年第4期。

③［美］埃德加·斯诺著：《红星照耀中国》，董乐山译，新华出版社1984年版，第43页。

④2015年9月2日，习近平总书记向30名抗战老战士老同志、抗战将领、为中国抗战胜利作出贡献的国际友人或其遗属代表颁发“中国人民抗日战争胜利70周年”纪念章，其中，包括加拿大友人白求恩医生堂孙马克·威廉·白求恩、印度友人柯棣华医生的侄女苏曼加拉·博卡。

1

2

1_
晋察冀革命根据地欢迎外国记者的海报
2_
八路军总部在王家坪桃园设宴招待中外记者西北参观团

黎、伊斯雷尔·爱泼斯坦、荷兰进步电影工作者尤里斯·伊文思、《纽约时报》记者弗兰克·蒂尔曼·德丁、美国作家杰克·贝尔登等国际友人。巴苏华1938年至1943年的日记汇编《延安的召唤》、艾格尼斯·史沫特莱1943年出版的《中国的战歌》、斯特朗1938年出版的《人类的五分之一》、詹姆斯·贝特兰1939年出版的《华北前线》等书中，都有关于在武汉同周恩来交往的记述和评论。周恩来还与英美官方外交人员进行了广泛联络，如会见了美国驻华大使纳尔逊·詹森、驻华武官约瑟夫·史迪威和驻武汉领事约翰·帕顿·戴维斯等人；会见了英国驻华大使卡尔，得到过卡尔的帮助，在1938年1月设立了八路军香港办事处，开展对港英当局、澳葡当局以及在香港和澳门的外国民主人士的统战工作；两次会见了美国海军情报官埃文斯·卡尔逊上尉。卡尔逊于1940年出版《中国的双星》，以及1947年，米契尔·布赖克福特根据卡尔逊的日记等出版的《大名鼎鼎的美国佬：游击队员卡尔逊的一生》对此也都有记载。

第二，坚持原则：有理与有节。国际统战工作秉持着周恩来等中央领导人提出的“站稳立场、坚持原则、机动灵活、多做工作、扩大影响、争取多数、孤立敌人”的基本立场，“中肯求实、有理有节、求同存异、不亢不卑、平等待人、礼贤下士”的要求，“宣传出去，争取过来”的方针，“来则欢迎，去则欢送，再来再欢迎”的接待原则，一方面，有鲜明立场，另一方面，关心、尊重、团结、教育乃至生活上优待国际社会有正义感的代表人士，开拓对外交往空间，打破国民党外交垄断，争取国际社会对中国共产党的了解，扩大中国共产党在国际上的影响力，巩固抗日统一战线，壮大进步势力，争取中间势力，孤立顽固势力，推动抗战胜利。这些在长期的艰苦工作中所积累的原则经验、锻炼培养的各类人才以及在国际社会中所赢得的尊重信任，为新中国的外交、国际统战等工作奠定了基础。

就“来去自由”政策，毛泽东运用辩证唯物主义认识论解释说，“我们党长期以来实行争取一切可能与我们合作的人做朋友

冈瑟·斯坦因采访毛泽东的访谈提纲

的方针，争取他们来延安，来边区，来敌后各个抗日根据地，共同抗日，共同建设。这种革命的朋友越多越好，这点大家都没异议。但是争取朋友参加革命，并非一件简单的事情。一个人参加革命，完全得凭他的自觉自愿，凭他自己的觉悟程度。有的朋友对我们党的宗旨、路线、方针政策不很理解，对我们的工作制度、工作方法或生活习惯感到不能适应，觉得国民党统治区的某些东西更适合他的口味，因此来了以后又想出去，那么就让他出去嘛。强扭的瓜不甜，勉强留下的人对双方都没什么好处！过去他对我根据地是慕名而来的，现在有了一定的感性认识，将来他回国统区后，又会以亲身经历将我解放区和国统区再一次做比较，那时他的认识就会更加全面、更加深刻了。他如果觉得还是我们根据地好，想再来，我们再欢迎他。他是经过反复认识、比较又一次确立参加革命的信念的，我们有什么理由不欢迎他呢？我们的同志还必须认识，我们自己是靠马克思列宁主义吃饭的，大家认定马克思、列宁是我们的好教员。但是不要忘记，我们不但需要正面的教员，还需要反面教员。我们的反面教员就是日本帝国主义、蒋介石。我们是靠了正、反两种教员，才被教育成为革命者、共产党员的。对我们的某些朋友来说，恐怕反面教员的教育作用比正面教员还要大。……当然，我们也不排除个别人回国统区后，一去不复返了，甚至有个别人为了混口饭吃，替蒋介石帮腔骂我们几句。这又有什么可怕，我们要革命，就不怕人家骂，我们不就是被蒋介石骂得越来越聪明，越来越强大的吗？”[①]这也展示出毛泽东的革命乐观主义精神。

斯坦因在《红色中国的挑战》中说，毛泽东很有耐心，不回避任何一个问题，“我们第一次会见，开始于下午三点钟，终结于夜间三点。我们在延安城外他的四孔窑洞中的接待室谈话。这是一个小的、高而圆顶的窑洞，白色粉刷，家具稀少，向外看出去是一个古老的果园。毛泽东坐在一把摇椅里，香烟一根接一根，吸起来有一种特别的声音。我在一张矮沙发上，我的记事簿放在一张摇动的极小的桌子上。毛泽东不时地站起来，在窑洞中来回踱步，然后站在我的身边，高大魁梧，他的眼睛盯着我的眼睛，同时缓慢地、系统地讲述着，加以安静的强调。”[②]通过斯坦因等来访者的介绍，毛泽东逐渐被世界所了解，也使得中国人民更加了解了毛泽东。

1938年秋，经从延安各学校挑选20多名华侨党员和青年学生组成海外工作团，由朱德担任工作团主任，到东南亚各国宣传中共的抗日主张，并宣传了八路军、新四军及人民抗日游击队英

① 金城：《延安交际处回忆录》，中国青年出版社1986年版，第158—159页。

② [美] G. 斯坦因：《红色中国的挑战》，李凤鸣译，上海科学技术文献出版社2015年版，第17页。

勇抗敌的事迹及边区建设的情况，还为听众讲解了毛泽东的《论持久战》和中共的统一战线政策。工作团到越南，主动开展对侨领陶笏庭的统战工作。中国共产党对美洲侨领司徒美堂、泰国侨领蚁光炎等也做了统战工作。在延安中共领导人多次为归侨们讲课、作形势报告，并参加归侨的联欢、集会等活动，与归侨一起就餐、拉家常，朱德等多次到食堂嘱咐炊事员给归侨们调节好伙食。菲律宾归侨庄焰 1938 年来到延安进入中央党校学习，1939 年延安庆贺模范青年大会上被党校选为模范青年，领受了毛泽东颁发的模范纪念章。庄焰妻子临产时，朱德派人送来用自己种菜卖的钱买来的两只老母鸡。周恩来也关心其家庭，邀请其代表华侨在 1945 年的延安宪政促进座谈会上发言揭露蒋介石的欺骗宣传。[①]

第三，用好“文化粮食”：报刊与电台。1940 年 9 月 10 日，《中央关于发展文化运动的指示》提出，“要注意组织报纸刊物书籍的发行工作，要有专门的运输机关与运输掩护部队，要把运输文化食粮看得比运输被服弹药还重要。”[②]《新华日报》《解放日报》的创办；延安新华广播电台以及新华社等通讯社的建立；1941 年 3 月创刊至 12 月停刊，出版了 10 期的英、法、俄三种文字油印的外文刊物《中国通讯》，就在国际统战中发挥了“文化粮食”、宣传战武器的作用。这些媒体突破国民党和日伪的新闻封锁，刊发报道了中国共产党关于国际形势的判断、有关国际反法西斯战线的主张以及抗日进展、边区人民抗日情绪、揭露日寇的暴行，转发了中外记者西北参观团中外记者在国外媒体上有关中国共产党的报道，架起了解放区、国统区、沦陷区之间的信息桥梁，增进了国际人士对中国共产党和中国抗战的了解和支持，在国际上廓清了中国共产党的政治主张和在抗战中的地位，宣传了中国共产党的真实立体的形象，起到了减少外方部分顾虑、“以

① 庄焰：《烽烟寸丹——延安的回忆》，全国政协文史资料研究委员会华侨组编：《峥嵘岁月——华侨青年回国参加抗战纪实》，中国文史出版社 1988 年版，第 35、36 页。

②《建党以来重要文献选编（1921—1949）》第 17 册，中央文献出版社 2011 年版，第 527 页。

外促内”、增强国际话语影响力等国际统战的效果。

1938 年 1 月，中国共产党创办的第一张全国性大型日报《新华日报》在汉口创办发行，被称为“共产党的嘴巴”，坚持“编得好、印得清、出得早、销得多”的办报要求。虽然国民党中央通讯社垄断了除塔斯社之外的外国通讯社在华发稿权，但《新华日报》并未做“传声筒”和信息“搬运工”，而将中央通讯社及其转发的路透社、合众社等外国通讯社的某些消息，以叙述、评析等表达手段加以改写，如用“综合报道”的形式报道第二次世界大战各战场特别是苏德战场的进展。

1940 年 12 月下旬，周恩来在沈钧儒寓所与美国女作家安娜・路易斯・斯特朗，就蒋介石正在酝酿投降与内战阴谋的问题长谈数次，预言中国即将发生更大规模的反共事件和战争，说明愿意把这方面的资料提供给像她这样值得信任的外国朋友，并约好等事变发生后，就告诉她发表。皖南事变后，《新华日报》拟刊发的揭露皖南事变真相的报道被国民党新闻当局收缴。叶剑英于 1941 年 1 月 19 日牵头起草了《新四军皖南部队惨被围歼真相》，经周恩来核准后交新华日报社印成单张，通过各种渠道散发重庆和各地党政军民机关团体。同时，周恩来亲自拜访英国驻华大使卡尔、苏联驻华大使潘友新和来华访问的美国总统代表居里等人，当面介绍皖南事变的真相。

为了使国外人士了解皖南事变真相，争取国际舆论同情与支持，周恩来将《新华日报》编印的大量材料，动员外国记者分别带到香港、南洋和美国发表，还安排王炳南及其夫人王安娜、龚澎等访问各国驻重庆记者、外交官，揭露蒋介石的投降与内战阴谋。斯特朗也在纽约的一些报纸和《美亚》杂志上，发表新闻、通讯，揭露蒋介石迫害抗战有功部队的真相。一时中外舆论震动。在国际上，苏、英、美等国首脑都对蒋介石镇压中国共产党领导的人民武装力量表示强烈不满，要求中国继续抗战。

1945 年下半年，由于国民党阻难，《新华日报》在上海难以出版。于是，中国共产党就在上海《新华日报》编辑部的基础上，出版《群众》杂志和英文《新华周刊》(New China Weekly)。其中，由中共代表团驻沪办事处（对内称中共上海工作委员会）外事组编辑出版的《新华周刊》只出版了三期即遭国民党政府取缔。在国民党政权的强压下，重庆《新华日报》也于1947年2月被迫停刊。

从初创时期的武汉到中、后期的重庆，《新华日报》“每日传播着来自延安的声音，代表中国共产党发言，向国际反法西斯人士提供中国抗战，特别是敌后抗战的真实消息；又把世界反法西斯各国，特别是苏联人民斗争的真实消息转达给我国人民。它是中国共产党联系各国人民，勾（原文如此——引者注）通外部世界的一个重要窗口。”①

1941 年 5 月 15 日，毛泽东为中共中央书记处起草关于出版《解放日报》等问题的通知中说，“五月十六日起，将延安《新中华报》《今日新闻》合并，出版《解放日报》，新华通讯社事业亦加改进，统归一个委员会管理。一切党的政策，将经过《解放日报》与新华社向全国宣达。《解放日报》的社论，将由中央同志及重要干部执笔。各地应注意接收延安的广播。重要文章除报纸、刊物上转载外，应作为党内、学校内、机关部队内的讨论与教育材料，并推广收报机，使各地都能接收，以广宣传，至为至要。”②5 月 16 日，毛泽东题写报名，并在发刊词中说：中国共产党的总路线“团结全国人民战胜日本帝国主义”，就是本报的使命。“现在是中国存亡绝续的关键，全国一切抗日党派抗日人民必须团结起来，对付日本帝国主义这个主要的敌人。中国共产党是站在这一斗争的前线的，过去如此，现在还是如此，将来还是如此。中国共产党的政策，始终是抗日民族统一战线政策。”“团结，团结，团结，这就是我们的武器，也就是我们的口号。”③并于 5 月 18 日撰写的社论《请看今日之域中竟是谁家之天下》强调，对于中国发展着的抗日战争，很多人估计过低，

① 重庆市《新华日报》暨《群众》周刊史学会、四川省《新华日报》暨《群众》周刊史学会编，廖永祥撰著：《新华日报史新编》，重庆出版社 1998 年版，第 330 页。

②《毛泽东年谱（1893—1949）》（修订本）中卷，中央文献出版社 2013 年版，第 297—298 页。

③《毛泽东年谱（1893—1949）》（修订本）中卷，中央文献出版社 2013 年版，第 298 页。

殊不知“基本上决定日本的动向的正是中国”，“中国现在是一堆民族革命的大火，在这里高举着火炬的是几万万人，而共产党则站在这个火炬行列的最前线”，“世界究竟是谁人的世界？帝国主义强盗们说一定是他们的世界，而人民则说一定是人民的世界。中国究竟是谁人的中国？日本帝国主义者说一定是他的中国，而我们则说一定是中国人的中国。‘请看今日之域中，竟是谁家之天下’呢？只有人民，只有我们，才能正确答复这个问题。”[①]

《解放日报》大量宣传了共产党的国际统战政策和关于国内外形势政策的主张，如《中共中央发表反法西斯国际统一战线的决定》（1941 年 7 月 3 日第 1 版）、《中共中央关于最近国际事件的声明》（1941 年 8 月 20 日第 1 版）、《中国共产党为太平洋战争的宣言》（1941 年 12 月 10 日第 1 版）、《毛泽东同志答路透社记者中国需要和平建国》（1945 年 10 月 8 日第 1 版）、《中共中央发表对目前时局宣言》（1945 年 8 月 27 日第 1 版）等。

1940 年 12 月 30 日，中国共产党领导创办的第一座广播电台——延安新华广播电台（中央人民广播电台的前身）在延安城以西 19 公里王皮湾村开始播音。其呼号是 XNCR，X 是当时国际规定的中国无线电台呼号的英文字母，NCR 是 New Chinese Radio（新华广播电台或新中国广播）的英文缩写，创作了“让党的声音自由奔放，让党的光芒照耀四方。我们是 XNCR，我们是革命战士。我们播送党的声音，我们放射党的光芒”的《XNCR 之歌》台歌。延安台最初每天播出一次 2 小时，后来增至两次 3 小时和三次 4 小时。其中，多语言的播音就反映了中国共产党积极的国际统战政策，电台“成了日本同盟社和国民党中央社的强劲对手”[②]。

1946 年为揭露蒋介石发动全面内战的企图，菲律宾归国华侨王唯真受延安归国华侨联合会委托写了《告侨胞书》，在新华

---

①《毛泽东年谱（1893—1949）》（修订本）中卷，中央文献出版社 2013 年版，第 298—299 页。

② 王唯真口述，宗道一、傅铮铮等整理：《新华社“活化石”王唯真的延安岁月》，《党史博览》2006 年第 6 期。

英籍专家林迈可和电台技术人员一起研究改装广播发射机

社翻译科英译组、广播科、编辑科、国际组先后工作的王唯真就用广州话、闽南话、国语三种口语播出。[①]这是延安新华广播电台最早专门针对华侨播音。延安新华广播电台还辐射到马来西亚等地区，“延安的声音，鼓舞和激励了在艰苦环境中坚持战斗的同志们”，“成为海外侨胞心中的一座光辉灿烂的灯塔”[②]。

中共中央根据日共领导人野坂参三的建议，延安新华广播电

① 王唯真：《延安广播的萌芽时期——编辑人员的工作、学习、劳动和生活》，中国广播电视学会史学研究委员会、北京广播学院新闻传播学院新闻系编选：《延安（陕北）新华广播电台回忆录新编》，中国广播电视出版社2000年版，第106页。

② 黄薇：《延安广播是海外侨胞心中的灯塔》，中国广播电视学会史学研究委员会、北京广播学院新闻传播学院新闻系编选：《延安（陕北）新华广播电台回忆录新编》，中国广播电视出版社2000年版，第459页。

台还开办了日语广播，由八路军总政治部主任王稼祥领导筹办，总政敌工部负责实施。野坂曾任莫斯科共产国际日本代表，1940年春随周恩来一起由莫斯科来到延安。他在延安参与研究敌情动态，除广泛收集有关报纸外，还经常收听日本、英国的广播。1941年12月3日，延安新华广播电台的第一位日籍播音员原清志（又名原清子、袁青子），对在华的日本侵略军正式开始日语播音。从该日起，每星期五17时至17时30分播出，到1942年6月停播。播报内容包括抗日战报、日本反战同盟的活动、对日政策等，旨在宣传党的政策主张和揭露瓦解敌军。从原清志住处到电台所在王皮湾两公里多，为照顾日本同志，她骑马来电台工作，这在延安很显眼。她还于1941年加入中国共产党。日语广播被日本发现后，采用大功率设备加以干扰，同时，一些日本士兵听了广播，便投降过来，说明电台的广播富有成效。这是我国最早的外语广播，开启了我国国际电台的历史。①1995年3月15日，经广播电影电视部党组批准，将1941年12月3日延安台日语开播的时间定为中国人民对外广播开播纪念日。

1944年9月1日，经过20多天的试播后，新华社英文文字广播正式开播。在创建初期，每天广播两次，每次一个半小时至两个小时。“英语广播由六名青年担任。他们来自中国香港、新加坡、爪哇甚至美国，为了抗日救国，他们终于抵达延安”②。新华社报道的材料是外国记者了解中国和中国解放区动向的必不可少的材料，经他们之手所报道的新闻、国共谈判文件、毛泽东的演讲等，被《纽约时报》等外国通讯社报刊摘引或参考，甚至被采编报送至美国国务院。

---

① 毛动之：《延安台开设日语广播的回忆》，中国广播电视学会史学研究委员会、北京广播学院新闻传播学院新闻系编选：《延安（陕北）新华广播电台回忆录新编》，中国广播电视出版社2000年版，第117页。

② [美] 斯特朗著，傅丰豪等译：《斯特朗文集（三）：人类的五分之一、中国人征服中国》，新华出版社1988年版，第233页。

三、国际战士白求恩　无私奉献永不朽

1962 年 7 月，阿尔及利亚人民经过长期的反法武装斗争赢得独立，随即面临法籍医生几乎全部撤走、国民缺医少药的困难境地。阿尔及利亚向世界求救。1963 年 1 月，中国第一个向世界宣布派医疗队赴阿，开创了共和国援外医疗队的历史。1963 年至 2017 年，中国先后向 69 个国家和地区派遣医疗队，累计派出援外医疗队员约 2.5 万人次，诊治患者近 2.8 亿人次[①]，为受援国培训了大批医务人员，留下了一支“不走的中国医疗队”，得到了受援国人民的充分信任和普遍赞扬。开展新冠肺炎疫情防控，截至 2020 年 5 月 31 日，中国共向 27 个国家派出 29 支医疗专家组，已经或正在向 150 个国家和 4 个国际组织提供抗疫援助；指导长期派驻在 56 个国家的援外医疗队协助驻在国开展疫情防控工作，向驻在国民众和华侨华人提供技术咨询和健康教育，举办线上线下培训 400 余场。[②]2013 年 3 月，习近平主席访问刚果（布）期间，首次提炼总结出“不畏艰苦，甘于奉献，救死扶伤，大爱无疆”的援外医疗队精神。2020 年 9 月 8 日，在全国抗击新冠肺炎疫情表彰大会上，习近平总书记提出了“生命至上、举国同心、舍生忘死、尊重科学、命运与共”的伟大抗疫精神，其中，命运与共，集中体现了中国人民和衷共济、爱好和平的道义担当。

对于援外医疗队精神和抗疫中的“命运与共”内涵，毛泽东在 1939 年 12 月所写的《纪念白求恩》一文中就有论述：“白求恩同志是加拿大共产党员，五十多岁了，为了帮助中国的抗日战争，受加拿大共产党和美国共产党的派遣，不远万里，来到中国。去年春上到延安，后来到五台山工作，不幸以身殉职。一个外国人，毫无利己的动机，把中国人民的解放事业当作他自己的事业，这是什么精神？这是国际主义的精神，这是共产主义的精神，每

①《刘延东在看望援外医疗队员代表时强调携手应对全球卫生挑战推动人类命运共同体建设》，《人民日报》2017 年 11 月 11 日第 3 版。

② 中华人民共和国国务院新闻办公室：《抗击新冠肺炎疫情的中国行动（2020 年 6 月）》，《人民日报》2017 年 6 月 8 日第 13 版。

一个中国共产党员都要学习这种精神。”①

（一）国际共产主义战士：加拿大的白求恩

亨利·诺尔曼·白求恩是有国际声誉的医生，为北美洲的四大名医之一。白求恩于 1890 年 3 月出生在加拿大安大略省的一个牧师家庭，毕业于多伦多大学医学院。1935 年，他被选为美国胸外科学会会员、理事，因深受马克思主义的影响，同年加入加拿大共产党，并进行反法西斯宣传工作，动员更多的人加入正义的斗争。1937 年 7 月，日本发动了全面侵华战争。在宣传活动中，白求恩强烈谴责日本法西斯的侵华暴行：“法西斯分子现在又发动了对几乎占地球四分之一人口的中国的进犯。如果让他们这些罪恶的政策继续下去，我们就很可以怀疑世界上的男女老幼还有什么安全保障。”他呼吁援助中国人民的抗战，同时，下决心以实际行动援助中国人民抗击日本法西斯。“我到中国去，因为那是最迫切需要的地方，是我能够最有用的地方。”

白求恩

1938 年 1 月，年近五十的白求恩受加拿大共产党和美国共产党的派遣，率一支医疗队，从温哥华出发，远渡重洋到达香港，后来又到达武汉。在武汉，周恩来向白求恩介绍了中国抗战的形势和中国共产党的抗战路线、方针和政策。他被中国共产党领导下的敌后抗日武装斗争深深吸引，拒绝了国民党的挽留，于 3 月下旬到达延安。毛泽东会见了白求恩，他们谈到了中国的抗战、国际形势等问题，使白求恩对中国抗战和世界反法西斯战争有了进一步的认识，并对赢得这场战争的胜利充满了信心。他在讲演中说：“你们的战争是正义的。世界人民在支持你们。反抗法西

①《毛泽东选集》第 2 卷，人民出版社 1991 年版，第 659 页。

斯和帝国主义是我们共同的任务。我要向你们表示：日本法西斯一天不赶出中国，我们一天不离开。”

从建立流动医疗队到解决血源问题，从制造“白求恩药篮”到筹建“晋察冀军区卫生学校”，还制定了“消毒三步法”，发明了“卢沟桥手术驮子”，白求恩毫不利己，专门利人。他不顾劳累，废寝忘食，连续作战，还编写医疗教材，制定规章制度，筹办培训班，建立根据地战时医疗体系，以“台风式”的作风开

白求恩在延安窑洞前用餐

展工作。一次竟连续为115名伤员做手术，持续时间达69个小时。在艰苦岁月里，他和八路军战士们一样，吃小米和土豆。他把自己带来的好衣服都送给战士们，把被子拿给他们抵抗寒冷，自己却穿着粗布军装，自己缝补后凑合着穿。1938年8月11日，毛泽东特意拍电给晋察冀军区负责同志，指示每月发给白求恩100元津贴。当时，毛泽东的津贴是5元，战士是1元。白求恩拒绝了对他的特殊照顾，他复电给毛泽东说：我谢绝每月百元津贴。我自己不需要钱，因为衣食一切均已供给。他还在给聂荣臻的信中进一步申明："在其他大夫每月只拿1元，而司令员自己每月只拿5元这样一笔巨款的时候，如果认为我能接受每月100元的津贴，是不可思议的。"他说："我没有钱，也不需要钱。能和这样一些以共产主义方式生活的同志工作在一起，是我毕生最大的幸福。"

1939年下半年，日伪军加紧了对抗日根据地的封锁，加之八路军医疗器械极度匮乏，白求恩决定回国一趟。但他放心不下根据地的医疗工作，临走前又去巡视了军区的20所医院，并尽自己所能为伤员做手术。其间，日寇开始了冬季扫荡，白求恩放弃回国计划，带领医疗队奔赴摩天岭前线。1939年10月，涞源摩天岭战斗正激烈地进行着。白求恩在一座庙里为八路军伤员做手术，突然手术台附近枪声四起，为了加快手术速度，白求恩将左手伸进伤口掏取碎骨，尖利的碎骨将他中指刺破。11月1日，在甘河净后方的一所医院为一名感染丹毒菌的重伤员做手术时，白求恩被感染了。但他依旧没有停下，又行军70多公里赶到史家庄医院，继续工作。直到11月上旬，白求恩的病情加重，军区卫生部派来医生对他进行救治，并准备将他转移至后方医院，他还是拒绝了。在生命的最后，他抓紧时间写了书信和报告，最后一次尽到卫生顾问的职责。他还对身边的同志说："请转告毛主席，感谢他和中国共产党给我的帮助。我相信，在毛主席的领导下，中国人民一定会获得解放！"

1939年11月12日，白求恩为了中国人民的解放事业，献出了宝贵的生命。晋察冀边区的军民和晋察冀军区卫生学校的师生们，怀着极其沉痛的心情，抬着白求恩的遗体转移。每到一地，当地群众都举行悼念仪式，哭泣着向他的遗体告别。后来，他的遗体葬在晋东的一个小山谷里。晋察冀边区和延安同时举行了隆重的追悼大会。毛泽东亲笔写了挽词："学习白求恩同志的国际主义精神，学习他的牺牲精神，责任心与工作热忱。"中共中央发出了唁电和给白求恩家属的慰问电。聂荣臻代表晋察冀军区指战员在白求恩（伯琴同志）的祭文中写道："伯琴以天赋之英才，造医学之极峰；抱高尚远大之理想，献身革命。高爵不足羁其鸿志，厚禄不足系其雄心，誓讨佛朗哥之不义，投身西班牙之战争。地中海边，波涛未平；太平洋上，烽火方殷。君不辞劳，万里东征；深入敌后，赞助吾军。寒衣土布之服，饥餐粗粝之粮，救死枪林之下，扶伤炮火之场。运斧神于轮匠，奏刀妙于庖丁。无轻伤不速愈，虽重创而皆生。日劳病榻之间，夜书膏火之旁，行遇路人之疾，止予治疗之方。医术精于华佗，精神比于墨翟。非热爱乎人类，谁曾至于此极。"①

中国人民为了永远纪念白求恩，1940 年晋察冀军区决定，将军区卫生学校和附属医院命名为白求恩卫生学校（后改名为白求恩医科大学，现为吉林大学白求恩医学部）和白求恩国际和平医院。1952 年，白求恩的遗体被迁葬到河北省石家庄华北烈士陵园，墓前竖立了他的雕像。在石家庄白求恩国际和平医院内，建立了"白求恩纪念馆"，供人们参观学习白求恩的模范事迹。

2020 年 9 月，习近平在纪念中国人民抗日战争暨世界反法西斯战争胜利 75 周年座谈会上的讲话就谈到了"白求恩"，"中国人民抗日战争胜利是中国人民同反法西斯同盟国以及各国人民并肩战斗的伟大胜利。中国人民永远不会忘记，世界上爱好和平与正义的国家和人民、国际组织等各种反法西斯力量对中国人民抗日战争给予的宝贵援助和支持。苏联给予中国抗战有力的物资

① 中国白求恩精神研究会编：《白求恩纪念文集》，生活·读书·新知三联书店 2018 年版，第 13 页。

支持，美国‘飞虎队’冒险开辟驼峰航线，朝鲜、越南、加拿大、印度、新西兰、波兰、丹麦以及德国、奥地利、罗马尼亚、保加利亚、日本等国的一大批反法西斯战士直接投身中国抗战。加拿大医生白求恩、印度医生柯棣华不远万里来华救死扶伤，法国医生贝熙叶开辟运输药品的自行车‘驼峰航线’，德国的拉贝、丹麦的辛德贝格在南京大屠杀中千方百计保护中国难民，英国的林迈可、国际主义战士汉斯·希伯等记者积极报道和宣传中国抗战壮举。他们的感人事迹和崇高品格永远铭记在中国人民心中！”[①]

（二）从战俘转变过来的军医：“日本白求恩”山田一郎

中国共产党对日军进行了积极的统战工作，使得一些日军士兵当了逃兵和俘虏，甚至一些改造过来的日俘不仅抛弃了法西斯幻想，还开始从事反对日本侵略者的工作，后来回国后为日本共产党的重建等发挥了作用。

在八路军野战政治部敌工部的影响和帮助下，1939 年 1 月，日军俘虏前田光繁（杉本一夫）、小林武夫、冈田义雄三人在山西省武乡县参加八路军，成为中国抗日战场上的第一批“日本八路”。同年 11 月 7 日，以此三人为核心，在山西省左权县麻田镇八路军前方总部，召开了“华北日本士兵觉醒联盟”成立大会，敌后抗日战场上的第一个日人反战组织诞生。此后，反战组织陆续建立，遍及敌后各抗日战场。1940 年 7 月 21 日，由日本反战作家鹿地亘发起的“在华日本人反战同盟”（日人自称“日本平和同盟”）成立，本部设在重庆，先后在桂林、洛阳、延安以及晋察冀、晋东南、晋西北、冀中、山东、苏北、鄂豫边建立了支部。1942 年 8 月 15 日，华北日本士兵代表大会暨华北日本反战团体大会在延安召开。出席会议的有中、日、朝代表 1000 余人，

① 习近平：《在纪念中国人民抗日战争暨世界反法西斯战争胜利 75 周年座谈会上的讲话（2020 年 9 月 3 日）》，人民出版社 2020 年版，第 7 页。

山田一郎

包括驻华北日军八个部队的代表，以及延安、晋察冀、冀中、山东、晋东南、太岳、冀南等地日人反战同盟团体的代表。朱德、吴玉章等出席大会并发表讲话，会议决定将“觉醒同盟”和“反战同盟”合并，成立“反战同盟华北联合会”。1945 年 3 月，八路军总部作战参谋部门统计显示，八路军、新四军俘虏的日军共 3880 人，逃跑 220 人。日俘先后参加“觉醒联盟”和“反战同盟”的约 1200 人。山田一郎，原名佐藤猛夫，就是战俘中的一位，1943 年被选为在华日人反战同盟晋冀鲁豫边区分会执行委员、常务委员。

1939 年 8 月，日军中尉医官山田一郎随队“扫荡”山东梁山一带八路军，头部受伤，被俘后自愿为八路军医治伤员，成为反日的一名成员。之所以能够加入中国共产党，缘于一场不期而至的高烧。山田一郎失去知觉三天三夜。他醒来后不久，发现身边站着一个人，拎着一桶酱菜，原来是刘伯承司令员，听说山田一郎生病，他特地从河北涉县赶来看他。此刻，山田一郎的心里有了“新生”的感觉，他终于摆脱了那个纠缠他一年半之久的逃跑念头。

之后，山田一郎利用业余时间读关于马克思主义的书。一次，他从反战同盟朋友那里读到苏联哲学家米歇尔·比索卢比奇著、广岛定吉译《辩证唯物论与历史唯物论》一书。他说书上“最初让我叹服的是对于‘物质、空间、时间’等概念的严谨的理论叙述。就这样，每天晚上我读这本书直到把油灯里的油用干”。那本书放在他背囊里，打仗行军，变得破破烂烂的。他先后还读了河上肇的《贫乏物语》、苏共党史、小林多喜二的小说、毛泽东《论持久战》、刘少奇《论共产党员的修养》等。那些读物使他作为一个共产主义者的信念与日俱增。他说那时自己在日军包围下，不知经过多少次九死一生的险情，“但我的思想完全不曾动摇过”。事实证明的确是这样。他还常参加日人反战同盟会议，了解时事问题和国际形势。

1943 年 5 月，日军对太行山再次大“扫荡”，反复搜山。他与卫生部工作人员隐蔽在山沟里，沉稳应付来回搜查的敌人，度过了危险。在实际工作中的不断历练，加上接受新的思想理论启迪，山田一郎逐渐发生了思想转变。1943 年 6 月，他正式加入了中国共产党。山田一郎曾担任第十八集团军野战卫生部白求恩国际和平医院医务主任，以白求恩为榜样，从自来水钢笔中受到启发，制作成人工气胸装置，为患者做人工气胸疗法。他还经常骑马去出诊，为涉县的同志们治疗。1943 年末，山田一郎被任命为野战医院的副院长和卫生学校的讲师，每周上两次课，学生毕业后陆续上了前线。[①] 山田一郎当时用的名字是白云，伤病员和老百姓都知道有个医术高明的“白院长”。

①［日］山田一郎：《八路军医院中的医疗工作》，见张惠才、韩凤琴译：《从鬼子兵到反战斗士》，中国文史出版社 2005 年版，第 224—232 页。

日本工农学校部分学员在延安宝塔山留影

1944年，山田一郎到延安进入日本工农学校。他还旁听了中共七大。在根据地药物奇缺的情况下，他就地取材研制出治疗肺病的代用药品，救治了不少军民，被誉为“日本白求恩”。延安日本工农学校学生回国时，周恩来欢送他们说：各位回国，我们没有赠送什么珍贵的礼物，“我们送去的，是为建设新日本而发挥作用的青年”。山田就是这些青年中的一分子。

1946年1月山田回到国内以后，一直站在进步群众反对日本军国主义的前列。2月加入日本共产党，不久担任三田医院内科主任，后主动申请到日本共产党诊所工作，任所长。1947 年 4 月其所在诊所改名为代代木诊所，仍任所长。1951 年至 1954 年他当选为日本共产党涩谷区议会议员。1952 年出任代代木医院院长，1977 年任名誉院长。在办医院的同时，他积极参加社会活动，组织推动起以反战日本军人为主体的“八四友会”（取八路军、新四军的首字命名），追求和平民主，反对复活军国主义。1983 年、1997 年，他先后发表文章，指名批评右翼政治家中曾根康弘及其内阁的反动活动。1985 年以后，山田任日本共产党中央委员会顾问。1998 年，山田还出版回忆录《一个幸运的人——军医、八路军俘虏、新的战士》讲述自己在中国的跌宕经历。

（三）奥地利大鼻子神医：新四军的“白求恩”罗生特

犹太人罗生特原名雅各布·罗森弗尔德，1903 年出生于奥地利加里西亚梭堡，后考入维也纳大学医学系。在校期间，他读过一些马克思主义著作，开始接受先进思想的熏陶，加入了比较进步的奥地利社会民主党。1938 年他因参加反对法西斯德国吞并奥地利的民众抗议运动，被纳粹党逮捕关押在布痕瓦尔德集中营。在集中营受尽折磨、摧残，但他丝毫不屈服，坚持秘密斗争，并以自己的医术为难友治病。1939 年，罗生特因被指控为共产党的证据不足而获释，但被勒令离开奥地利，永远不许返回。这年春天，罗生特携带必要的医疗器械，和难友威廉·班克远涉重洋来到上海。行前，奥地利社会民主党介绍他到上海找希伯取得联系。

希伯是德国共产党员，1938 年秋曾以记者身份采访新四军，会见过叶挺、项英、周子昆、袁国平等新四军领导人，对新四军的情况比较了解，并写了很多宣传新四军的文章在国外发表。罗生特到上海后，参加了由希伯组织的学习小组。通过学习，他不仅了解了世界反法西斯斗争形势，也对中国共产党的主张，对共产党所领导的八路军、新四军及其所进行的抗日战争有了进一步的认识；同时，罗生特还耳闻目睹了日本帝国主义的侵华暴行，

1

2

1_
雅各布·罗森弗尔德
2_
罗生特与刘少奇、陈毅在
苏北盐城新四军总部

这都激发了他投身中国抗战的热情。他多次提出要到根据地参加战斗，用自己的医术为中国抗战做贡献。通过希伯的介绍，罗生特和新四军派往上海的吴之理、沈其震取得了联系，在新四军上海办事处的周密安排下，于1941年3月20日顺利抵达新四军军部驻地盐城。从此直到抗日战争结束，罗生特辗转华中、山东等地，以精湛医术、高度热忱、严谨作风，在救治伤病员、保障罗荣桓等领导同志的身体健康、提高医护人员的医疗水平等方面付出了大量的心血，作出了不可磨灭的贡献。1942年春，经由新四军军长陈毅、新四军宣传部部长钱俊瑞介绍，加入中国共产党。

1943年6月，罗生特北上延安，途经新四军四师师部驻地时，师长彭雪枫诚邀他在四师停留一段时间协助四师开展医疗工作。罗生特高兴地接受了这个任务。在师卫生部部长叶果和政委李义的帮助下，罗生特等对师卫生部的工作进行了整顿，不但制定了医疗护理制度、技术操作规程和各个医疗科室的守则、工作程序，而且调整健全了各级卫生机构的领导班子。8月，罗生特还参加了四师卫生工作会议，并根据四师的作战任务和各级卫生机构的技术状况，作了《加强各级卫生工作的领导，进一步做好伤病员的救治工作》的报告；并应会议要求，举办了几场关于野战外科方面的专题讲座，解答了业务技术上的难题，深受与会同志的欢迎。在罗生特等的辛勤工作下，四师的医疗卫生工作发生了可喜的变化。

罗生特以自己的辛勤工作赢得了全体官兵的爱戴和信任，大家都亲切地称他为新四军里的“白求恩”。

四、延安声音国际传　对外交往新突破

1935年夏，日本帝国主义者制造“华北事变”，迫使国民党政府签订丧权辱国的《何梅协定》，此协定激起了全国人民的抗日怒潮。中共中央酝酿了建立抗日民族统一战线的方针。1935年10月，毛泽东受时局的激发在长征途中作了《念奴娇·昆仑》。

该词下阕是，“而今我谓昆仑：不要这高，不要这多雪。安得倚天抽宝剑，把汝裁为三截？一截遗欧，一截赠美，一截还东国。太平世界，环球同此凉热。”[①] 毛泽东认为，只有打倒帝国主义，才能实现没有剥削、没有压迫的“太平世界”，昆仑山之类“有罪”的大山也就可以化虐为利了，环球就可以“同此凉热”了。在未来的和平世界里，全人类将共享个冷暖适宜的气候，其前提就是要反对帝国主义，展现出了爱国主义和国际主义的结合。1957 年，该词发表在《诗刊》1 月号上。

中国共产党在抗日战争时期，号召团结起来共同对付日本帝国主义，注重在国际社会开展宣传，推动了国际反法西斯统一战线的形成，积极争取英、美、法等西方国家加入国际反法西斯统一战线，促成董必武出席联合国大会，实现了中国共产党对外交往的突破，为世界反法西斯战争和人类和平发展作出了重要贡献。

（一）让中国红色故事走向世界：最早深度报道陕北红军的西方记者埃德加·斯诺

随着对外联系的加强，在中国共产党国际国内反法西斯统一战线政策的影响、感召下，大批外国人士通过各种途径，以多种形式支持中国人民的正义事业，甚至被延安朝气蓬勃、欣欣向荣的新生活景象吸引感染，来到延安和陕甘宁边区，其中还有不少人为此献出了生命。

抗日战争中来华访问的记者人数甚多，仅美国记者有姓名可考者即达 44 位。他们多数持有客观立场，对中国抗战抱有同情，随着太平洋战争爆发，对于国民党当局和中国共产党的方针、政策及其在抗战中的作用，尤为关注。有的记者还对中国与他所在国有关当局施加影响，推动了抗日战争的胜利。如美国记者埃德加·斯诺，1928 年来华长期开展采访。1936 年 7 月至 10 月和 1939 年 9 月两次访问陕北。

---

①《毛泽东年谱（1893—1949）》（修订本）上卷，中央文献出版社 2013 年版，第 476—477 页。

1936年6月间，斯诺由北平出发，经过西安，冒着生命危险，辗转来到陕北保安（现志丹）。他骑着一匹被称为“瘦狗”的老马，在陕甘宁边区采访，和毛泽东同志进行了长时间的对话，知悉了毛泽东的个人经历，收集了关于长征的第一手资料。7月13日傍晚，毛泽东步行至中华苏维埃人民共和国中央政府外交部，看望并欢迎该日到达保安的斯诺和美国医生乔治·海德姆，14日，出席为两人举办的欢迎会，并即席讲话。之后，毛泽东向斯诺多次介绍了相关情况。7月15日，回答了关于苏维埃政府对外政策的提问；16日晚上9时至次日凌晨2时，谈了中国抗日战争的形势、方针，论及了国际抗日统一战线问题；18日、19日，讲了苏维埃政府的内政问题；23日，讲述了中国共产党与共产国际和苏联的关系问题；9月23日，介绍了中共倡导建立的联合战线问题。谈话间，毛泽东多会邀请斯诺吃辣椒馒头，或者品尝由贺子珍用当地的酸梅做成的甜食。

斯诺于卢沟桥事变前夕，将他采访的这些记录整理成集，取名《红星照耀中国》，于1937年10月在英国伦敦由戈兰茨公司出版。1937年11月，斯诺来到上海，将英文版《红星照耀中国》赠送给出版家胡愈之。胡愈之决定将此书译成中文出版，并联络11位文化教育界的救亡志士商量出书问题，改用比较含蓄的书名——《西行漫记》出版，这样，1938年2月10日，用“复社”的名义在上海出版了第一个“红星”全译本《西行漫记》。后来，胡愈之在《西行漫记》中文重译本序中说，“它是忠实描绘中国红色区域的第一本著作”。

《红星照耀中国》是西方记者对中国共产党和红军的第一部采访记录，是研究抗日战争的重要史料和依据，也是新闻史和报告文学史上里程碑式的作品，轰动了世界舆论，先后被译成法、德、俄、意、西、葡、日、荷、蒙古、瑞典、印地、哈萨克、朝鲜、希伯来、塞尔维亚等20多种文字，在全球传播。《时代》周刊评价说：“斯诺对中国共产主义运动的发现和描述，与哥伦布对美洲的发现一样，是震惊世界的成就。”毛泽东称斯诺是中

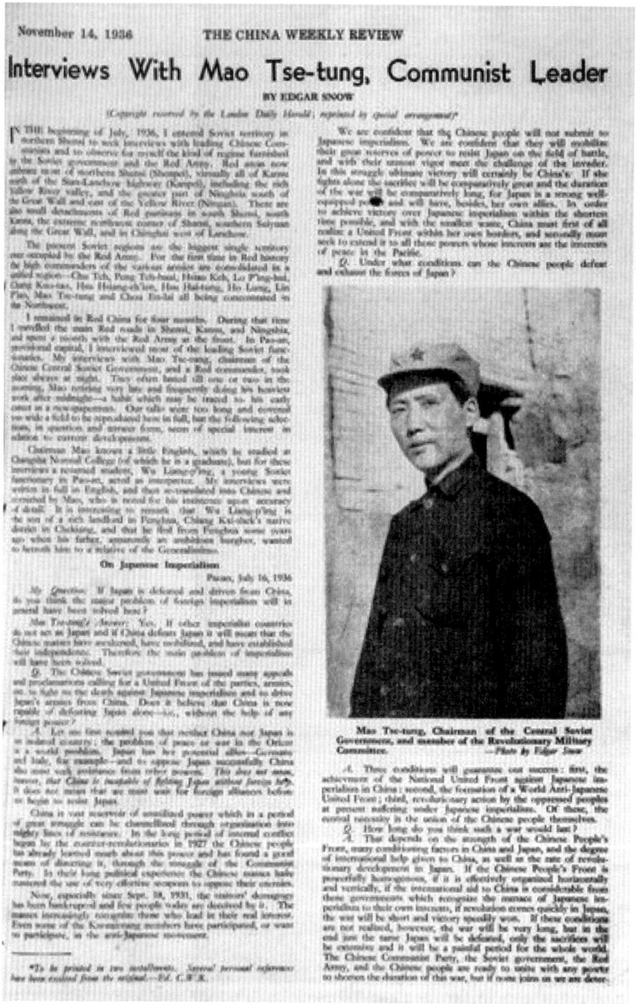
November 14, 1936 THE CHINA WEEKLY REVIEW

Interviews With Mao Tse-tung, Communist Leader

BY EDGAR SNOW

On Japanese Imperialism

Paoan, July 16, 1936

Mao Tse-tung, Chairman of the Central Soviet Government, and member of the Revolutionary Military Committee. —Photo by Edgar Snow

《密勒氏评论报》在1936年11月14日和21日，刊登了由埃德加·斯诺所撰的《中国领导人毛泽东访问记》。图为14日刊发的文章

国人民的老朋友，“还没有人像他那样，把我们这里的事公布于世……我们将永远记住，他的确为中国做了许多好事。他是第一个为了建立统一战线而作引线人和铺路人的，我们是不忘记这一点的”，并表示，《西行漫记》“这是一本真实介绍我们情况的书”，“外国人报道中国人民革命的最成功的两部著作之一”。

1939年9月，斯诺再次来到陕北采访，前后逗留了十天。24日，毛泽东就陕甘宁边区、抗日与民主、国民党政府的阶级基础、中国革命、欧洲战争对日本等国的影响等回答了斯诺的提问。

从卢沟桥事变到抗战胜利，斯诺采访了战争的实况，写下了一批具有影响力、有关中日战争的新闻报道。他为了维护国共合作，采访国民党正面战场，充分肯定国民党在抗战初期的积极作用，鼓舞了中国人民的抗战士气；走访了周恩来、邓颖超、博古等中共领导人，大力宣传和报道中国共产党的抗日主张和业绩，粉碎了国民党顽固派制造的八路军、新四军在抗战中“保存实力”“游而不击”的谎言；口诛笔伐英美等国的绥靖政策，呼吁西方国家制止日本侵略；揭露和批判抗战中后期国民党消极抗日、积极反共的罪行及其国民党政府的腐败，从舆论角度上对支持中国抗战作出了贡献。斯诺的来访，打破了国民党对革命根据地长达十年的封锁，其作品有助于世界人民了解中国人民的革命斗争，激励了亚洲人民反击日本侵略者的斗争，增强了欧美人民战胜德意日法西斯的信心。在他影响带动下，到延安访问的外国记者和作家越来越多。

斯诺还和夫人海伦·福斯特·斯诺（Helen Foster Snow）等一道组织工业合作社运动，帮助中国抗战。他在书中写道：“现在中国的事业也就是我的事业了，我把这份感情同反对世界上的法西斯主义、纳粹主义和帝国主义的责任联系起来了。”①习近平总书记指出：路易·艾黎以及“斯诺等发起成立的工合国际，为

①埃德加·斯诺著，宋久、柯南、克雄译：《斯诺文集Ⅰ：复始之旅》，新华出版社1984年版，第231页。

支援中国革命和社会主义建设作出了重要贡献。”①

（二）延安的两次团结大会：东方各民族反法西斯大会和中国青年反法西斯代表大会

从1931年9月18日日本法西斯侵略中国东北的“九一八”事变，到1941年6月22日德国法西斯闪击苏联的苏德战争，再到1941年12月7日日本偷袭珍珠港的太平洋战争，法西斯主义一再打破绥靖主义者和孤立主义者的迷梦，促使爱好和平的力量逐步觉醒，最终促成了国际反法西斯统一战线的建立。正当德意日法西斯在世界横行无忌的时候，延安成为亚洲人民反法西斯斗争的中心之一，在这里接连召开了两次反法西斯大会。

1941年10月26日至31日，东方各民族反法西斯代表大会在延安召开。参加大会的有日本、印度、印尼、菲律宾、马来亚、泰国、缅甸、越南、朝鲜等国家和地区，以及中国的蒙、回、藏、彝、苗、满、汉等18个民族的130余名代表。这显示出东方各民族在反对日本法西斯的共同斗争中的团结一致，同时将东方各民族的反侵略斗争和解放运动推上一个历史的新阶段。10月30日，毛泽东冒雨参加大会，并向大会致辞，号召各民族加强团结：“我想大会的主要目的就是团结，促进各民族团结，共同打倒法西斯；日本和希特勒之所以能小丑跳梁，猖獗一时，就是因为他们抓住我们的弱点。在中国，在东亚，在全世界都有过这个弱点。现在中国就因为是团结的，所以才能抗战，但是还团结得不够，因为有一部分人表面打日本，暗中破坏团结；另一种人，一面抗战，一面摩擦。这两种人是不同的，前一种人是汉奸，后一种人是不懂得大势。延安是专讲团结的地方，这里有清真寺，有蒙古文化促进会，有民族学院……这里能够举行反法西斯的民

①《习近平总书记给中国工合国际委员会、北京培黎职业学院的回信》，《人民日报》2017年4月22日第1版。

1941 年 10 月，东方各民族反法西斯代表大会在延河边隆重召开

族大会。”[1]“现在我们有三条统一战线，一条是中国的抗日民族统一战线，一条是东方的 ABCD 阵线，一条是英美苏的联合行动，有这三条统一战线，法西斯一定会被打倒的。”[2]31 日，经过紧张热烈的讨论，大会通过了 19 个提案，选举朱德任主席，并选举产生东方各民族反法西斯大同盟，总盟设在延安，各地设分盟，以加强东方各民族的团结，扩大反法西斯运动。最后由朝

① 中共中央文献研究室、国家民族事务委员会编：《毛泽东民族工作文选》，中央文献出版社 2014 年版，第 10 页。

②《毛泽东年谱（1893—1949）》（修订本）中卷，中央文献出版社 2013 年版，第 336—337 页。

鲜代表武亭致闭幕词，东方各民族反法西斯大会取得圆满成功。

毛泽东所说的“ABCD 阵线”，即由美国、英国、中国、荷兰四国组成的太平洋抗日联合阵线。1941 年，春美、英、中、荷在远东建立对日警戒、防卫、协同作战的抗日同盟。按参加国英文名字第一个字母排列得名，ABCD 分别代表美（America）、英（英大不列颠 Britain）、中（China）、荷（东印度群岛的宗主国荷兰 Dutch）四国。

1941 年 12 月，太平洋战争爆发后，中共中央发出《中国共产党为太平洋战争的宣言》指出：全世界一切国家一切民族划分为举行侵略战争的法西斯国家阵线与举行解放战争的反法西斯阵线，已经最后的明朗化了。同时，中共中央发出关于太平洋反日统一战线的指示也强调：我全国人民，全体海外侨胞及南洋各民

ABCD 阵线纪念章

族在抗日战争中的中心任务，就是建立与开展太平洋各民族反日反法西斯的广泛统一战线[①]。这意味着，中国共产党正式向全世界宣布建立反日反法西斯统一战线的策略。在中国共产党与各国政府的共同推动下，1942 年 1 月 1 日，美国、英国、苏联、中国等 26 个国家在华盛顿签署了《联合国家宣言》，表示共同抵抗法西斯国家的侵略，决不单独与其议和。该宣言成为国际反法西斯统一战线的政治纲领，也标志着国际反法西斯统一战线的正式形成。

1942 年 1 月 4 日至 6 日，为配合世界各国青年反法西斯运动和促进中国青年反法西斯统一战线的建立，中国青年反法西斯代表大会在延安中央大礼堂召开。朱德出席开幕式并讲话。到会的代表有上海、中国香港、南洋、日本、大后方各省区、敌后各抗日根据地、陕甘宁边区及各少数民族、各职业界 108 个青年团体 228 名代表参加会议。这一大会显示出全中国青年愿意尽一切努力来反对法西斯，愿意与全世界为自由、正义、民主而战斗的各国青年站在一起，不仅对于被法西斯奴役下的各国青年寄予深厚的同情，并将不分民族、党派、信仰，团结全中国以及东方青年为实现唯一的目标——消灭法西斯而奋斗到底。大会一致通过八大提案，并发表告全国青年书。为加强全国青年的团结，大会决定成立“中国青年反法西斯临时委员会”，选出何克全、冯文彬、胡耀邦、李昌、高朗山、蒋南翔等 19 人为临时委员会委员。少数民族青年、日本青年、朝鲜青年、华侨青年各选派代表 1 人参加。会议选举成立了中国青年反法西斯临时委员会，聘请毛泽东、朱德、周恩来等各界 31 人为顾问。

1 月 9 日，毛泽东接见绥德警备区出席中国青年反法西斯代表大会代表，同 20 名代表一一握手，询问他们学习和生活的近况，逐一解答了绥德师范、米脂中学等校三青团员代表提出的 20 多

① 中央档案馆编：《中共中央文件选集：第十三册（一九四一——一九四二）》，中共中央党校出版社 1991 年版，第 251 页。一说该文件名为《中共中央关于加强太平洋反日统一战线及华侨工作的指示（一九四一年十二月九日）》，参见徐塞声主编：《中共中央南方局历史文献选编》上，重庆出版社 2017 年版，第 537—538 页。

个问题，其中包括太平洋战争没有苏联参加能不能胜利等。结束后，毛泽东手执灯烛为告别的学生照亮送行。

（三）中国共产党第一次亮相重要国际政治舞台：董必武出席联合国会议

1944 年至 1945 年，欧洲反法西斯战争获得胜利，日本法西斯陷入绝境，中国人民开始进行战略性反攻。1945 年春，中、苏、美、英四国发起在旧金山召开《联合国宪章》制宪大会，为尝试建立永久和平的战后秩序而努力。

中国代表团由哪些代表出席呢？ 1945 年初，在延安的中共中央明确表示，没有共产党的代表参加中国代表团是不能接受的，共产党的合理主张得到了全国进步力量的一致赞同。为此，毛泽东、周恩来等都坚持要派代表参加，就中共参加会议的资格、人数和人选等，不断与国民党方面进行交涉，积极争取各方面的同情与支持。但蒋介石从一开始就想物色一个清一色的国民党代表团，最多加上几个社会无党派人士装装门面，中国共产党的代表不在考虑范围之内。同时，美国驻华大使赫尔利也支持蒋介石的意见，把旧金山会议看成是各国政府会议而非各国之党派会议。

1945 年 3 月 6 日，蒋介石通知熟悉国际事务的驻英大使顾维钧出席小型工作宴会，以便研究中国参加旧金山首届联大代表团的组成问题。然而，顾维钧在宴会上表示，中国代表团的组成应该有广泛的社会政治基础，应包含各种不同政治主张的代表，以向全世界宣告，中华民国代表团是真正的全国性代表团。

3 月 9 日，宋子文给顾维钧说，蒋介石已拿出了一份名单，分别是：王宠惠、魏道明、胡适、施肇基、胡霖、吴贻芳、宋子文和顾维钧。名单内果然没有中共代表的名字，坐实了蒋介石仍在顽固排挤中共力量。宋子文继续说道，蒋介石认为中国就是国民党，国民党就是中国。这份名单迅速引起海外舆论的强烈反响，包括美国也表达了不满。当时国外许多政客认为共产党是个地地道道的政党，是能够将希望带进中国社会的政党。3 月 10 日，宋庆龄在交谈中告诉顾维钧：希望在中国代表团中中共占有两个名额。

3 月 15 日，美国罗斯福总统签发了一封代表美国政府立场的电报，于一周后发送至蒋介石手中，电报里写道：中共向美国特使赫尔利提出了建议，要求中国代表团应包括国民党、共产党和中国民主同盟的代表，并由三方平分名额，最后还指出，美国代表团两党都有代表，加拿大等国代表团也是这样的。显然，罗斯福总统同意中共应该参加，中国代表团若容纳中共及其他政党的代表，有利于实现政党团结。

收到罗斯福总统电报后的蒋介石心烦意乱，趁此情形，顾维钧又将中共代表问题提了出来，蒋介石这次没有态度强硬，而是换了套说辞，他说关于此事不是没有考虑过，还专门问了国民党老资格的吴铁城、张群，他们几乎异口同声说，没有一个共产党人具备当代表的资格。顾维钧连忙接话，中共中有一人很合适，那就是董必武。顾维钧在担任驻法大使期间和董必武就曾有过一些交往。

3 月 26 日，蒋介石主持国防会议，决定出席旧金山国际会议代表人选。当场商定，指派中共方面的董必武参加。可见，蒋介石从排斥中共代表出席旧金山会议，到最后同意董必武作为中国解放区代表参加会议，是慑于中共和中国各界人士，以及苏联、美国压力的结果，尤其是罗斯福以“援助”相要挟的电报在最后关头起了作用。3 月 29 日，国民政府发给董必武特派状，写有“特派董必武为中华民国出席联合国大会代表（派字第十八号）”，此状由国民政府主席兼行政院长蒋中正和代理行政院长宋子文签署。4 月 6 日，中国解放区代表董必武及其随行人员从延安乘飞机前往重庆，受恶劣天气的影响，7 日才到达。经过简短的准备，于4月12日在重庆珊瑚坝机场搭乘一架小型军用飞机飞赴美国。小型军用飞机在空中颠簸不断，先要飞越喜马拉雅山到印度加尔各答，然后转机赴中东，跨越非洲，横飞大西洋，到拉丁美洲的巴西，最后才飞到美国纽约的莱加弟机场，此时已是 21 日，前后飞行了 10 天。4 月 21 日，董必武、章汉夫、陈家庚一行三人抵达纽约，拉开了访美公共外交的序幕。

董必武在整个会议期间表现出中国共产党的宽宏大量，有理有节。他凡有建议或提出问题，都会与顾维钧商量。会议期间，顾维钧与董必武有过多次谈话，到美国的当天董必武就去看顾维钧，就有关国际和国内事务的几个问题交换意见，并认为代表团是代表整个中国的，因此只能讨论有关整个中国的问题。代表团开会每提到有关苏俄问题和中国的共产主义运动问题时，董必武总是先让代表团的其他成员发表意见，有什么不中听的，他不是粗暴地打断，而是巧妙地予以点醒。他是代表中最年长的一位，有极强的亲和力，代表团其他成员对董必武都很尊重。国际社会对中国代表团作为国内各方政治力量的代表团终于成行极为关注，代表团中的中共代表更成了关注的焦点。

1945 年 6 月 25 日，联合国制宪会议全体大会一致通过《联合国宪章》。26 日，举行《联合国宪章》签署仪式。上午 10 点，签字仪式隆重开始。按照既定的规则，50 个国家按照国名的英文字母顺序轮流签字。在其他国家之前，先由安理会常任理事国中、苏、英、法依次签字，美国作为东道国最后签字。第一个出席签字仪式的是中国代表团，一共有驻英大使顾维钧、国民参政会主席王宠惠、驻美大使魏道明、民社党代表张君劢、青年党代表李璜、前南京金陵女子大学校长吴贻芳、中国共产党代表董必武、《大公报》总经理胡霖八位代表出席了签字仪式。中国代表团原本 10 人，但由于宋子文先期回国，胡适在哈佛大学讲学，两人未参加签字仪式。这是 1927 年以来，国共第一次携手参加国际会议。

中国代表团对于位居各国之首签署宪章一事极为重视。胡霖建议在签字时使用具有鲜明中国传统文化色彩的笔、砚、墨，为此代表团秘书特地到唐人街购买了文房四宝。中国代表团要来了

中国代表董必武在《联合国宪章》上签字，以及《联合国宪章》
上八位中国代表的毛笔签名

一杯清水，现场研磨了一砚台纯净的浓墨。浓郁的墨香散发开来，这一具有中国传统文化特色的签名方式，吸引了各国代表的目光。

董必武在美国期间，在旧金山和纽约积极开展带有国际统一战线性质的诸多工作，除参加大会外，还出席了组织和程序第三小组委员会以及大会安排的其他活动。

5 月 1 日，中国代表团举行记者招待会，董必武出席并回答了记者的有关提问。尽管当时国共矛盾日益尖锐，但董必武以大局为重，在坚持原则的大前提下，尽量尊重、体谅其他代表，减少矛盾，求同存异，在有关联合国宪章讨论中通力合作，为中国代表团的工作作出了积极贡献。胡适在会议期间，与董必武就战役问题进行了交谈。在谈话过程中，他竟然要求共产党放弃武力，单纯从事政党活动，当即受到董必武的严词反对。

董必武没有辜负党和人民以及战友嘱托，一面参加会议，一面在旧金山和纽约做了许多工作。他瞻仰了旧金山孙中山先生铜像，多方接触华侨进步人士，出席旧金山救国总会举行的侨众宣传大会，为华侨办的金星广播公司题词留念，还代表中国共产党捐助《华侨日报》1 万美元。董必武多次接见了美国友好人士，如会见了美国共产党总书记白劳德，专程到纽约郊外看望中国人民的老朋友史沫特莱，拜访了史迪威的女儿和著名小说家赛珍珠。在新闻记者会议上，董必武广泛会见美国友好人士、新闻记者及美国社会上层人士，联系当地华侨代表，介绍中国共产党的方针政策和中国解放区的情况，揭露国民党独裁的本质，争取了华侨和各国人民对中国抗日战争的支持和同情。他访问了旧金山市华侨居住区，参观了中华会馆、中华学校、东华医院等，出席了华侨组织举办的宴会酒会，向世界讲述了中国共产党领导下的抗日根据地在政治、军事、经济、文化等方面取得的伟大成就，介绍了八路军、新四军和抗日游击队在抗战中发挥的巨大作用，以及对中国抗战取得胜利所作出的巨大贡献。董必武带去了英文印刷品《中国解放区实录》，向参加联合国会议的各国代表团、新闻记者及各国朋友广为散发。

董必武还出席了旧金山华侨宪政党、致公党举办的演讲大会，做了《中国共产党的基本政策》的长篇演讲，全面介绍、阐述中国共产党坚持十四年抗战，坚持广泛团结，坚持民主进步的基本政策。回答了海外华侨关于中国共产党在民主方面所做的工作，指出在解放区保证人民有民主权利，保障人权和财权、选举和被选举权，实行“三三制”，保证共产党员在其中不超过1/3的名额，中国共产党主张民主政治，反对一党专政，从来就不做一党包办的事。这些措施，保证人民有充分的民主权利，保证政府是民主的政府。随后，董必武还阐述了中国共产党在目前的政策，强调中国共产党的总目标是建立一个独立、民主、自由、团结、强大、繁荣的新中国。中国共产党将继续根据这些政策，坚持抗战，坚持团结，坚持民主进步，加倍努力，使在抗战胜利后建立起这样的一个新中国。董必武的这篇演讲稿后来在当地《华侨日报》全文发表，对海外侨胞增进对中国共产党的了解产生了重要的作用。

董必武不愧为中国人民的真正代表和使者，他卓有成效地完成了中国共产党、民主人士和解放区人民所赋予的重任。根据中共中央的指示，他结束在美国工作，于1945年11月20日乘飞机回国，26日抵达重庆。董必武出席联合国会议，成为中国共产党独立外交的重要开端，打破了国民党的外交垄断，为中国共产党拓展了国际政治舞台的活动空间。

第五章 开辟统一战线崭新篇章

“不忘历史才能开辟未来，善于继承才能善于创新。”在中国共产党百年华诞之际，追忆中共中央在延安十三年的光辉历史，总结党在延安十三年统战工作的宝贵经验，为新时代的统战工作提供借鉴与启示，这是我们义不容辞的责任与担当。在延安时期，我党不断巩固局部执政基础，赢得了群众信赖，提升了执政水平。延安时期的统一战线理论是毛泽东思想的重要组成部分，是马克思主义中国化的重要理论成果，同时，它也继承和创新了马克思主义统一战线理论。延安时期统一战线理论以新民主主义革命斗争实践为依据，提出建立抗日民族统一战线的正确方针，并在政治协商、民主监督、合作共事、国际交往等方面创造性地提出了新策略，在延安时期开辟了崭新篇章。

一、同心同向聚合力　万众一心共御辱

“黑云压城城欲摧，甲光向日金鳞开。”这句诗可以说十分形象地反映出延安时期抗日民族统一战线之所以能形成的原因。日益尖锐的社会矛盾、民族矛盾和现实国情迫使各民族团结一心共御外侮。马克思主义哲学告诉我们，矛盾是事物发展的内在动力，任一事物都有其主要矛盾和次要矛盾，当主要矛盾变化时，决定了主要任务必然要发生变化。所谓“黑云压城城欲摧”就是指日本帝国主义想要占领全中国，征服中国人民。这一最大的现实形势容不得任何人、任一派别忽略。此时，民族矛盾已经上升为中国的主要矛盾，而这一矛盾已经成为压垮中国人民的最后一根稻草，同时也成了中国人民团结一致奋起反抗日本侵略者的主要原因。

回顾中国历史，不难发现，自鸦片战争以来，中国人民一直背负着帝国主义、封建主义和官僚资本主义“三座大山”，已经在长期的剥削与压迫之下积攒了太多怨气和反抗的冲动，也逐渐看清了反动势力的真面目，阶级觉悟不断被激发，誓与敌对势力做长期彻底斗争，树立了保家卫国的坚定信念，准备好了不畏艰难险阻血战到底的作战决心。所以当中国人民面临日本帝国主义

的大肆入侵时，快要被摧毁的中国人民将被压抑多年的民族心声集中转化成了强大战斗力。兵临城下，他们真正意识到了“除了反抗，再没有出路”[1]。

而在国家危难之时，1917 年俄国十月革命一声炮响给在黑暗中苦苦思索革命方向的中国先进知识分子送来了马克思主义，让中国的工人阶级有了全新的思想指导。1921 年应运而生的中国共产党给在黑暗中苦苦摸索的中国人民带来了前行的曙光。“甲光向日金鳞开”正是指中国共产党的诞生给中国人民带来了革命胜利的希望和国家独立富强的信心。在这一片残缺不全的土地上，中国共产党依靠正确的思想指导和积极的实践行动，始终坚持为人民服务的根本宗旨，将人民作为党执政的最大底气，团结带领着广大人民群众奋起反抗，让处于水深火热之中的中国人民在漫长的黑夜中看到了曙光，让国内外爱国民主人士看到了“中国的希望在延安”。在中国共产党的坚强领导下，越来越多的人民自愿加入中国共产党领导的革命队伍，为党的革命事业构筑起全面抗日战争的坚强堡垒，成为抗日民族统一战线坚强有力的组织保障。

可以说，在延安时期，抗日民族统一战线的形成有其历史必然性，也离不开中国共产党的坚强正确领导，离不开共产党人在革命活动中发挥的积极作用。二者缺一不可，如果中国人民的阶级觉悟仍然未被唤醒，仍然没有意识到全民族团结对抗日战争的强大作用，那么中国共产党的领导就会缺乏群众基础，正所谓“有将无兵难成军”，光靠共产党的力量抵抗日本法西斯的进攻也难成功；同样的，如果中国共产党没有应运而生，中国人民就会缺乏坚强有力的核心，就会缺乏正确的方向指引和思想指导，在抗日战争中茫然不知所措，各种抗日力量也得不到很好的组织和运用，抗日民族统一战线就算形成也终将成为一盘散沙。

坚强稳固的抗日民族统一战线需要各方力量的大力支持与团结，在各种力量对抗，阶级成分复杂利益交错的年代进行统战

①《毛泽东选集》第 1 卷，人民出版社 1991 年版，第 144 页。

工作需要中国共产党人付出艰苦卓绝的努力。

首先是瓦窑堡会议的成功召开统一了党内思想，为抗日民族统一战线政策的最终形成奠定了思想基础。1935 年 12 月 17 日至 25 日，中国共产党在陕北瓦窑堡召开了政治局扩大会议，这次会议解决了党的政治路线问题，通过了《中央关于目前政治形式与党的任务决议》，重新制定了党在新形势下的统战工作方针，提出目前严峻形势决定“党的策略路线，是在发动、团聚与组织全中国全民族一切革命力量去反对当前主要的敌人：日本帝国主义与卖国贼头子蒋介石”[①]。27 日，毛泽东根据瓦窑堡会议精神，在党的活动分子会议上又作了《论反对日本帝国主义的策略》详细报告，他再一次明确指出，当前“党的任务就是把红军的活动和全国的工人、农民、学生、小资产阶级、民族资产阶级的一切活动汇合起来，成为一个统一的民族革命战线”[②]。毛泽东告诉广大党员干部以民族大义为先，积极采取各种统战方式，将一切可以团结的力量都团结起来，逐步建立起稳固的抗日民族统一战线。这次会议实质上是遵义会议的继续，是党在历史转变时期召开的一次极其重要的会议，会议最后通过的《决议》和毛泽东《论反对日本帝国主义的策略》的报告为抗日民族统一战线方针的最终形成奠定了思想基础，统一了党内思想。

事实上，早在 1931 年九一八事变爆发之后，中国共产党就意识到了非建立全民族的统一战线不足以抵抗日本帝国主义的入侵。因此，党内早已暗自下定了与日本进行坚决斗争的决定，并开始积极行动，主动谋求建立以国共合作为基础的全民族的抗日统一战线，挽救国家和人民于危难之间。因此，中共中央在万分艰难的长征途中仍然将扩大党的群众基础作为党的重点工作之一，他们积极向沿途的人民群众宣传中国共产党的主张与宗旨，以不断扩大统一战线的群众基础，为抗日战争汇聚磅礴的力

① 中共中央党史研究室著：《中国共产党的九十年新民主主义革命时期》，中共党史出版社、党建读物出版社 2016 年版，第 172 页。

② 中共中央统战部著：《中国共产党统一战线史》，华文出版社 2017 年版，第 62 页。

量。另外，中共中央在指导各游击队的工作时，也采取了团结一切反日力量进行合作的方针。1934 年 9 月 9 日，在中共中央驻北方代表石心给中共陕北特委[①]的信中可以明显看出，他指示陕北游击队的口号在现阶段应当是“武装起来，反对日本进占西北，打倒出卖西北与中国的国民党，拥护红军抗日先锋队，反对‘围剿’抗日先锋队，立即停止进攻苏区，士兵兄弟们联合起来，与红军订立抗日作战协定，枪口一致对外，为中国人民抗日对日作战纲领而战斗”[②]。可以看出，我党始终将民族利益置于最先考虑的地位，将一切爱国的群众及武装力量都作为统战对象，勇当抗战中流砥柱，以坚定的抗战意志与各武装力量真诚合作，团结一心，共同抗日，为中华民族的独立与解放思深忧远。

历史总是无独有偶。瓦窑堡会议召开次年爆发了震惊世界的西安事变，而西安事变的和平解决成功扭转了国内时局，为抗日民族统一战线的形成营造了良好的舆论环境。西安事变的爆发看似突发偶然，但也存在其必然性，这是中国革命战争发展的必然结果，符合革命发展的客观规律。中国共产党在国民党的围追堵截下，于 1935 年 10 月 19 日到达吴起镇，进入了西北根据地，开启了延安十三年的辉煌征程。在这片土地上，不仅有中央红军，还有进入陕西不久的东北军和已在陕西扎根多年的“西安绥靖公署”、第十七路军。中共中央敏锐地观察到这一现状，并结合前几月刚刚召开的共产国际七大作出的充分利用一切条件建立世界范围内的反法西斯统一战线的指示精神，立即号召党内统战干部充分利用国内外形势和军人背井离乡，保家卫国的心理特点，向东北军和十七路军官兵开展“上层统一战线”与“下层统一战线”相结合的统战策略。1936 年 1 月 15 日，

① 中共陕北特委：1928 年 4 月，在陕西绥德南丰寨（今属子洲县）成立，隶属中共陕西省委领导。1930 年 10 月，改属中共中央北方局。在李立三“左”倾冒险主义路线的影响下，北方局指示将党、团特委合并为陕北行动委员会。同年 12 月，根据中共六届三中全会精神，撤销陕北行委，陕北特委恢复，划归中共河北省委领导。次年 3 月，又改属中共中央驻北方代表领导。1935 年 2 月中共西北工委成立后，陕北特委撤销，其所辖组织归西北工委直接领导。

② 中共陕西省委党史研究室编：《西北革命根据地文献资料精编》（2），陕西人民出版社 2014 年版，第 195 页。

以毛泽东、周恩来、彭德怀和叶剑英为代表与其他红军将领联合发表了《为红军愿意同东北军联合抗日致东北军全体将士书》，中国共产党表示愿与东北军真诚合作，联合抗日。周恩来、叶剑英等人主动向东北军将领与官兵宣传党的抗日主张和策略，逐渐分化瓦解国民党的内部军心，真诚希望“张、杨”两位将军加入抗日反蒋的阵营中。在中国共产党的影响下，张学良和杨虎城越发清晰地认识到国民党如果坚持“攘外必先安内”的错误政策，继续“剿共”倒行逆施，置民族危亡于不顾，必将引起全民族的唾骂与反抗。因此，在两位将军哭谏无效的情况下，于 1936 年 12 月 12 日清晨将本欲来陕亲自指挥部署“第六次围剿中央红军”的蒋介石活捉起来，上演了“逼蒋抗日”的历史性一幕，并向全国通电，提出救国“八项主张”。面对突如其来的西安事变，毛泽东和周恩来等党内领导人当机立断，必须与国民党进行协商谈判，粉碎亲日派和日本帝国主义的妄想和阴谋，经过与国民党的多次谈判，12 月 24 日晚，周恩来会见蒋介石时，蒋介石表示：“停止剿共，联红抗日。”

西安事变的爆发无疑对蒋介石来说是一次警醒，他感受到了人民与正义的威力。同时，西安事变的和平解决更加反衬出中国共产党的大义凛然，我党不计前嫌，为以国为重，人民至上的宗旨赢得了国内外的一致好评，为以国共第二次合作为基础的抗日民族统一战线的最终形成营造了良好的舆论环境。

而卢沟桥事变的爆发则是加快推动国共两党再度合作的助推剂，使抗日民族统一战线最终形成。在继“九一八事变”之后，日本帝国主义更加肆意地侵略中国大地，从未停止想要征服中华民族的痴心妄想。在日本侵略者不断进攻之下，中国国内主要矛盾已经由阶级矛盾转变为日益尖锐的民族矛盾，在此背景下，“停止内战，一致对外”成为当时国内外众多爱国民主人士的共同呼声，也成了抗日民族统一战线形成的现实依据。

1937 年 7 月 7 日卢沟桥事变的爆发引起了国内外对日本法西斯的一片声讨与严厉谴责，也掀开了中国人民全面抗战的序幕。

在此民族危亡之际，中共中央于7月8日立即通电全国，民族危急的口号已经响彻中华大地，挽救民族危机已经成为全国各族人民的共识，成为中国人民必须齐心面对的重要使命。同时，以蒋介石为首的国民党人也真正意识到了国家前途命运危在旦夕，已经到了必须奋起反抗的时候，反抗日本法西斯的正义战争必须全民族团结起来一致对外。因此，蒋介石于7月17日在庐山发表《对卢沟桥事件之严正声明》的重要讲话，他在讲话中义正词严地讲道："再没有妥协的机会，如果放弃尺寸土地与主权，便是中华民族的千古罪人！"[①] 在这"最后关头"，如若有人犹豫彷徨，妄想苟且偷生，都将陷民族于万劫不复之地。9月中旬，国共两党代表正式就合作抗日这一中心任务进行了协商谈判，并就《合作宣言》的发表取得了一致意见。9月22日，国民党中央通讯社发出了《中共中央为公布国共合作宣言》，23日蒋介石针对这一《宣言》再次发表了关于全民抗日的重要谈话，这次讲话实际上承认了中国共产党的合法地位，至此国共两党从昨日之敌变为今日之友，以第二次国共合作为基础的抗日民族统一战线正式形成。

经过中国革命正反两方面的经验总结，为避免再次出现"大革命"时期、"第五次反围剿"的惨重失败，中国共产党在此次建立抗日民族统一战线时，对统一战线的性质、对象、方法、原则等进行了实事求是地进行分析与指导，极大地将一切可以团结的力量团结起来，为抗日战争的胜利凝心聚力。具体来说，抗日民族统一战线的主要内容有以下几点：

首先，抗日民族统一战线的性质。1940年3月6日，毛泽东在为中共中央起草的对党内的指示《抗日根据地的政权问题》一文中详细地解释了这一问题。他讲道，"在抗日时期，我们所建立的政权的性质，是民族统一战线的。这种政权，是一切赞成抗日又赞成民主的人们的政权，是几个革命阶级联合起来对于汉奸和反动派的民主专政。"[②] 这句话明确告诉我们，抗日民族统

① 韬奋基金会、上海韬奋纪念馆编：《韬奋全集》增补本9，上海人民出版社2015年版，第326页。

②《毛泽东选集》第2卷，人民出版社1991年版，第741页。

一战线不是共产党专政，也不是国民党的一党专政，也不是土地革命时期的工农民主专政，而是各革命阶级的联合专政。

其次，抗日民族统一战线的对象。1935 年 12 月 27 日，毛泽东在党的活动分子会议上作的《论反对日本帝国主义的策略》报告中仔细分析了中国社会各个阶级的状况，总结了抗日民族统一战线的主要统战对象。第一是要求坚决反抗的中国工人和农民。抗日战争爆发之前的一切历史都证明了只有工人阶级和农民阶级是中国革命中反抗意志最坚决最彻底的力量。第二是城市小资产阶级和民族资产阶级。城市小资产阶级和农民一样与帝国主义势不两立，所以说他们也是抗战主力军；而对于民族资产阶级这一群体，则要辩证分析与看待。我们必须承认这一阶级具有革命性与软弱性两面性质，具体来说：当受到帝国主义和封建主义压迫剥削时，他们愿意加入抗战阵营，有反帝反封建的革命性；但是由于他们自身经济实力弱，某种程度上还要依附于反动势力，具有妥协性。但是从当时的时局来看，这一阶级极有可能成为我们党的统战对象，因此我们要学会客观分析阶级现状，适时将其纳入抗战阵营中。总之，马克思主义的历史唯物主义观点认为，只有人民才是历史的创造者和推动者。在我国更应认真贯彻这一观点，将一切致力于抗日的人民群众作为统战对象，不断汇聚起抗日战争的巨大力量，建成最广泛的抗日民族统一战线。

再次，抗日民族统一战线的基本策略。策略问题是统战工作中的重要问题，关系统战的实际成效，关系到抗日战争的最终结果。1940 年 3 月 11 日，毛泽东在延安中国共产党的高级干部会议上作了关于《目前抗日统一战线中的策略问题》的专题报告，他讲到，要想抗日战争取得最终胜利，抗日民族统一战线就必须不断扩大与巩固，而要想达到这一目的，就“必须采取发展进步势力、争取中间势力、孤立顽固势力的策略”[①]。这一策略的制定是依据各革命阶级的性质作出的，比如，对民族资产阶级、大地主大资产阶级就要采取争取的策略，切不可忽视其革命性的一

①《毛泽东选集》第 2 卷，人民出版社 1991 年版，第 745 页。

面，但在革命过程中还要随时观察其动态，防止其背叛。总之，要以斗争为达到团结一切抗日势力的手段，将可以团结的力量都团结起来，一致对外。

最后，抗日民族统一战线的原则。关于统战原则，这是中国共产党在多年的革命实践中用血泪总结出的经验。第一，必须坚持共产党对统一战线的领导权。1924 年到 1927 年的国民大革命已经深刻地证明了这一点，一味地让出领导权只会让共产党陷入被动局面。1936 年 12 月，毛泽东写下了《中国革命战争的战略问题》这部著作，他提出，历史已经充分证明，中国共产党是工人阶级的先锋队，“只有无产阶级和共产党，才最没有狭隘性和自私自利性，最有远大的政治眼光和最有组织性，而且也最能虚心接受世界上先进的无产阶级及其政党的经验而用之于自己的事业。”[①] 所以说，只有共产党才能带领人民实现反帝反封建的历史任务，这是共产党从成立之时起就肩负的使命。只有将统一战线的领导权牢牢把握，才能保持抗战的正确方向。第二，坚持统一战线中的独立自主原则。1938 年 10 月 14 日，毛泽东在中共六届六中全会上作的《论新阶段》的报告中提出，“必须保持加入统一战线中的任何党派在思想上、政治上和组织上的独立性，不论是国民党也好，共产党也好，其他党派也好，都是这样。”[②] 党在领导统一战线的过程中，必须坚持独立自主的思考与制定计划，而不是“一切经过统一战线、一切服从统一战线”，只有这样才能更加坚定地坚持党在统一战线中的领导权。这两个原则是辩证统一的有机整体，缺一不可。

二、孜孜不倦求民主　不负人民闯新路

中国共产党在延安时期一直探索符合中国国情的民主政治建设的正确路径与方式。尤其是在抗日民族统一战线形成之后，

---

①《毛泽东选集》第 1 卷，人民出版社 1991 年版，第 183—184 页。

②《毛泽东选集》第 2 卷，人民出版社 1991 年版，第 524 页。

为了真正发挥统一战线的团结作用，将一切抗日力量团结起来，我党对如何从政权组织形式上体现统一战线的性质进行了不懈的探索，最终提出的“三三制”原则是我党在政权建设史上的原创性贡献，不仅体现了抗日民族统一战线的统战属性，更加反映出中国共产党的民主本质。这一政权形式的提出是我党政权建设历史上的宝贵财富，为新中国成立后人民代表大会制度和政治协商制度的形成提供了丰富的历史经验。

“三三制”原则是我党在延安时期政权建设最为重要的一个理论贡献，也是延安时期统一战线工作的重要历史成就，反映了中国共产党对政治民主的不懈探索与追求。“三三制”原则是基于什么情况和原因提出的呢？

首先，从“三三制”原则的本质来讲，它既是抗日民族统一战线的必然要求，也充分彰显了民主政治的强大力量。一方面，从“三三制”的统战属性讲，是出于革命阶级联合抗日的现实需要。马克思主义认为，革命政权由革命性质和任务所决定，正确的革命政权建设可以对各阶段革命斗争的顺利推进提供必要的政治保障。关于抗日战争的任务和性质，毛泽东在1939年12月写的《中国革命和中国共产党》一文中已经明确指出，当前我们革命的对象是帝国主义和封建主义反动势力，革命任务就是反帝反封建，参与革命的不只有无产阶级，还有资产阶级，共产党带领各党各派建立了十分庞大的革命阵营，因此，革命的性质是资产阶级民主主义革命。正是由于这场革命还有资产阶级参与，那么就注定了它的性质不同于其他任何历史时期的民主革命，因为“它不造成资产阶级专政，而造成各革命阶级在无产阶级领导之下的统一战线的专政。”[①]也就是各革命阶级的联合专政。既然是联合专政，应该如何联合？怎么在政权组织中体现民主的本质，与反动独裁统治相区别？如何通过正确的政权组织建设最大限度地发挥出抗日民族统一战线的真正威力？这一系列现实问题，都要求以毛泽东为核心的中国共产党人必须进行深刻的思考。从“三三

①《毛泽东选集》第2卷，人民出版社1991年版，第648页。

制”原则的另一方面——民主属性来看，它与抗日求和平的现实要求密不可分。1937 年 5 月 8 日，毛泽东在延安召开的中国共产党全国代表会议上所作《为争取千百万群众进入抗日民族统一战线而斗争》的结论报告中说道，“对于抗日任务，民主也是新阶段中最本质的东西，为民主就是为抗日。抗日与民主互为条件，同抗日与和平、民主与和平互为条件一样。民主是抗日的保证，抗日能给予民主运动发展以有利条件。”[①] 只有认清民主与抗日的辩证关系，才能真正取得抗日战争的最终胜利，否则没有真正的民主，统一战线政权何以发展？抗战又如何能胜利？ 1937 年卢沟桥事变爆发之后，周恩来立即向蒋介石提交了《中共中央为公布国共合作宣言》，宣言中强调要召开国民大会，提出民主政权的主张，正是因为共产党深知“要抗日就要和平，无和平不抗日”[②] 的基本道理，所以说“三三制”原则的提出不仅是抗日民族统一战线的必然要求，而且是民主政治的本质体现。

其次，“三三制”原则是中国共产党自身对民主建国的理性探索与执着追求。新文化运动之后，“民主”一词就被中国的先进知识分子和进步政治力量视为救国救民的有效方案，它与专制相对立，与独裁做斗争，是历史向前发展的必然趋势。因此，中国共产党人很早就开始探索中国民主发展的正确道路。最初，作为工人阶级的先锋队，共产党一直声称要我们建立的是“工农共和国”，从其名称可知，这一政权的组成只有工人阶级和农民阶级。但是革命形势的风云变幻导致革命阵营不断发生变化，“工农共和国”已经不适应中国实际，迫使中国共产党不断寻求新的民主政权建设道路。因此，根据变化了的实际情况，在抗日战争时期，为了巩固和扩大抗日民族统一战线，我们必须建立“人民共和国”，不断扩大民主范围，进而为实行联合专政做政治准备。而为什么在抗战时期要建立“人民共和国”？毛泽东在《论反对日本帝国主义的策略》报告中，用一整个章节的内容详细地进行

①《毛泽东选集》第 2 卷：人民出版社 1991 年版，第 274 页。

②《毛泽东选集》第 1 卷：人民出版社 1991 年版，第 274 页。

了阐述，指出“人民共和国”中“人民”二字，是指参与到抗日战争中的一切人民，而不是只有工农阶级，所以，此时的民主政权建设要考虑到除工农阶级之外的人民，要让他们的政治权利也在统一战线的过程中充分体现出来，以真正实现我党一直追求的民主政治。因此，“三三制”原则的提出不仅是革命斗争的现实需要，更是一个逐渐成长的革命政党对民主建政道路不断追求与探索的必然结果。

“没有民主政治，抗日胜利只是幻想。”[①] 民主建政的任务已被提上日程，中国共产党人开始继续思索民主联合专政的“最优解”。

1937 年卢沟桥事变爆发之后，根据国共谈判协议精神，于 9 月 6 日，陕甘宁边区政府正式成立，林伯渠任主席，张国焘任副主席。作为中共中央所在地的陕甘宁边区，率先在民主建政方面给全国的抗日革命根据地起到了模范带头作用。1939 年 9 月 26 日，国民政府颁布了省参议会临时组织条例执行办法，要求“在各省设立临时参议会”，而且还要“指定一定的人数为参议员”[②]，真正让参议会起到民主议政、民主监督的作用。因此，边区政府决定改陕甘宁边区议会为参议会。1939 年 1 月 12 日，中共中央政治局召开会议，详细讨论建立陕甘宁边区参议会的具体问题，毛泽东在会上讲到，边区工作必须有一个推动才行，“要从边区议会做起，使边区能应付困难环境，造成对外有好的影响”[③]，我们要认识边区议会召开的意义，它代表着共产党的民主制度，彰显出我们的进步性。他还提出，会议名称还是用参议会更好，此外，在解决边区问题时，务必保证民主制度能够顺利实施。陕甘宁边区第一届参议会于 1939 年 1 月 17 日至 2 月 4 日成功在延安召开。毛泽东在 17 日的开幕会上讲到，陕甘宁边区是全国现在最为进步的一个地方，它的进步主要“表现在民主，而这民主

① 中国人民解放军政治学院党史教研室：《中共党史参考资料》第 8 册，第 342 页。

②《世界议会辞典》编辑委员会编：《世界议会辞典》，中国广播电视出版社 1987 年版，第 79 页。

③ 中共中央文献研究室编：《毛泽东年谱（1893—1949）》中，中央文献出版社 2002 年版，第 103 页。

又是苏维埃在现阶段的发展物，现在各阶级，工农商学兵各界都可参加参议会。”[①] 首届参议会通过了《陕甘宁边区抗战时期施政纲领》，纲领明确要求在边区政府发扬民主政治，健全民主集中制的政治机构。

1940 年 2 月 1 日，中共中央政治局会议讨论通过了《中共中央关于目前时局与党的任务的决定》，提出了为力争时局向好扭转，克服逆转危险，必须执行的十大任务，其中第七条便是“要巩固与扩大各个抗日根据地，在这些根据地上建设完全民选的没有任何投降反共分子参加的抗日民主政权”。这种政权是“一切赞成抗日又赞成民主的人的政权，是几个革命阶级联合的民主专政。”[②] 为了真正将民主政权落地生根，发扬民主政治精神，毛泽东在 1940 年 3 月 6 日写的《抗日根据地的政权问题》一文中初步提出了较为明确的想法，他认为，我们要“根据抗日民族统一战线政权的原则，在人员分配上，应规定为共产党员占三分之一，非党的左派进步分子占三分之一，不左不右的中间派占三分之一”[③]。并且，为了保证中国共产党对抗日民族统一战线的绝对领导权，占三分之一的党员必须质量过硬，能力超强，这个条件满足了，人数可以不用过多，毕竟“所谓领导权，不是要一天到晚当作口号去高喊，也不是盛气凌人地要人家服从我们，而是以党的正确政策和自己的模范工作，说服和教育党外人士，使他们愿意接受我们的建议”[④]。至于剩下的两个“三分之一”分别是：党外进步分子，“因为他们联系着广大的小资产阶级群众”，对我们争取这一阶级的群众有很大的帮助；中间派是指中等资产阶级和开明绅士，因为“这些阶层的争取，是孤立顽固派的一个重要的步骤”[⑤]。毛泽东指出：“只要是赞成抗日又赞成民主的人们，不问属于何党何派，都有参加这个政权的

---

① 中共中央文献研究室编：《毛泽东年谱（1893—1949）》中，中央文献出版社 2002 年版，第 103 页。

② 中国人民解放军政治学院党史教研室：《中共党史参考资料》第 8 册，第 343 页。

③《毛泽东选集》第 2 卷，人民出版社 1991 年版，第 742 页。

④《毛泽东选集》第 2 卷，人民出版社 1991 年版，第 742 页。

⑤《毛泽东选集》第 2 卷，人民出版社 1991 年版，第 742 页。

资格。”[①]

根据毛泽东的设想，中共中央立即在边区政府进行民主选举试验。1940年4月，边区政府决定，新区建立抗日民主统一战线政权时必须将其他党派与无党派人士纳入进来。经过民主选举，分别建立了乡县两级的临时参议会和政府，许多有名望的绅士被选为参议员。[②]1941年1月起，中共决定正式将这一政权建设的原则推广开来。5月1日，中共中央批准了《陕甘宁边区施政纲领》，并强调指出，边区参议会在实施“三三制”原则时必须与党外人士民主合作，切忌独断专行、一手包办。这个《纲领》为“三三制”的广泛推行提供了法律保障。因此，按照中央指示精神，各边区根据地先后通过民主选举建立起了临时参议会和政府。众所周知，1941年11月李鼎铭这一开明士绅在陕甘宁边区召开的第二届参议会第一次会议中被选为边区政府副主席，他在就职演讲时对共产党的这一民主的政治制度高度赞扬，表示愿意同共产党一道精诚合作，更重要的是他在会上提出的“精兵简政”政策为我党提升军队战斗力和凝聚力提供了难能可贵的解决方案。正是在这一具有统一战线性质的“三三制”原则的实施中，我党不断收获了更多的良师益友，不仅为抗日民族统一战线的发展起到了有力的推动作用，更为党执政扩大了群众基础。因此说，“三三制”是我党在延安时期民主政治建设的突出贡献。

总的来说，“三三制”作为民主政治的重要原则和方法，从它的提出过程来看，并未经历较长的发展时间，人民对这一原则的接受度也很高，充分体现了抗日民族统一战线的民主联合专政性质。

“三三制”原则是我党在抗日战争时期总结以往苏维埃政权建设基础上进行的新的实践探索，是我党的一次伟大尝试，这一原则的成功运用具有十分深刻的历史意义，为新时代中国

① 《毛泽东选集》第2卷，人民出版社1991年版，第648页。

② 中共中央统战部著：《中国共产党统一战线史》，华文出版社2017年版，第99页。

特色社会主义民主制度的建设与发展提供了必不可少的经验借鉴。

从“三三制”原则的民主政权本质可以明显看出，这一原则的实施对抗日民族统一战线具有积极的推动作用，在全国的抗日革命根据地营造了良好的政治氛围，促进了全民团结，有力地推动了抗日战争的最终胜利。

从“三三制”原则的具体内容来看，“三分之一”的政权形式从制度上为党外人士进入民主联合政权并且占有一定比例提供了基本途径，为我党在抗战时期发展进步势力、争取中间势力、孤立顽固势力起到了鉴别和政治保障的积极作用。同时，正是其他民主党派、无党派人士和共产党这三个“三分之一”政权的结合，使得抗日民主政权更加稳固，更好地制衡了各阶级、各阶层之间的利益，更好地发挥了民主联合专政的协商和监督作用，防止一党专政或退回到一党独裁的旧时代。

从“三三制”原则的历史意义来看，这一政权组织原则的提出为新中国成立后很快地建立起中国共产党领导的多党合作和政治协商制度提供了蓝本，奠定了历史基础。中共的十八大以来，以习近平同志为核心的中共中央十分重视政治协商制度的发展，他提出，“人民政协是中国共产党把马克思列宁主义统一战线理论、政党理论、民主政治理论同中国实际相结合的伟大成果，是中国共产党领导各民主党派、无党派人士、人民团体和各族各界人士在政治制度上进行的伟大创造。”我们必须充分发挥人民政协的统一战线组织功能，“坚持大团结大联合，坚持一致性和多样性统一”③，将一切致力于建设中国特色社会主义的党外人士都团结起来，寻求各阶层的最大公约数，画出统一战线的最大同心圆，最大限度地凝聚共识，为实现中华民族的伟大复兴汇聚起磅礴力量。

③ 习近平：《在中央政协工作会议暨庆祝中国人民政治协商会议成立70周年大会上的讲话》，《人民日报》2019年9月21日第2版。

三、民族团结一家亲　同心共筑救国梦

自古以来，中国就是一个多民族国家，民族和宗教问题一直是不容忽视的影响国家安定和社会和谐的重要问题。中国共产党自成立以来，始终未敢放弃对民族和宗教人士的统战工作，我党始终坚持民族平等和民族团结的原则，反对一切形式的民族歧视。在延安时期，我党更加注重把加强与各少数民族和信教群众的团结作为统一战线的重要工作内容之一。在共产党的团结和影响下，各少数民族、宗教人士纷纷加入了抗日民族统一战线的阵营，为新民主主义革命的胜利贡献了应有的力量，开辟了党的历史上与民族宗教人士团结合作的新篇章。

延安时期，我党之所以要对少数民族和信教群众进行统战工作，主要是基于以下几个原因：

一是建立抗日民族统一战线的内在要求。自以国共第二次合作为标志的抗日民族统一战线正式形成以来，中国共产党就将一切愿意抗日的群体都作为统一战线的重要对象，少数民族也是抗日群体的重要组成部分。1941 年 6 月 22 日，中共中央机关报发表了《实行正确的民族政策的社论》，其中说到，抗日建国这一伟大的事业从来“不是汉族一族之事，而是国内各族共同的神圣事业，此种重大的事业，如果没有国内各少数民族积极地参加，就不能有最后胜利的保证。因此实行正确的民族政策，以团结国内各少数民族共同抗日图存，就是当前抗战中的严重任务之一。”[①]但是由于日本帝国主义的反动本性，一心想破坏中国的抗日民族统一战线，在中国土地上，打着“少数民族解放、独立”等的虚假旗号欺骗中国少数民族地区人民，利用各种手段将少数民族上层人士拉拢到反动势力的一方，妄想分化、利用中国各民族内部矛盾，击垮国内的正义的抗战力量，进而征服中国全体人民。我党正是认清了日本侵略者的阴谋，所以始终未敢丝毫放松对少数民族地区人民群众进行正义抗战的宣传。1940 年 3 月 10 日，延

① 国家民委研究室编著：《中国共产党民族工作九十年》，民族出版社 2011 年版，第 62 页。

安回民救国协会发表《告全边区回民同胞书》，号召回族和汉族人民团结抗日，指出“加强回汉两族的抗日团结，粉碎敌人的欺骗诱惑阴谋，成为目前极端重要的任务”[①]。只有粉碎敌人的阴谋，才能将更多的少数民族人民团结起来，不断扩大抗日民族统一战线的阵营。这是延安时期党的民族宗教政策提出的重要历史背景。

二是及时纠正大汉族主义错误思想的需要。在我国发展的漫长历史中，由于人口数量、风俗习惯等差异，少数民族政治权利少，经济实力低下，各民族之间也时常会发生矛盾。长此以往，汉族与少数民族人民关系就会变得紧张起来，产生不可逾越的民族鸿沟。此外，在国民党的大汉族主义政策的影响下，民族关系愈发紧张，甚至有回民控诉国民党逼迫其违背自己的信仰，做一些有违民族风俗的事情，还有“数不清的苛捐杂税，千斤重担，压在灾难深重的回民身上”[②]。因此，回族、蒙古族等少数民族人民更加痛恨和仇视压迫人民的汉族人士。在此情形之下，中国共产党为了最大限度地缓和民族关系，增进民族认同，促进民族团结，对少数民族人民进行认真细致、艰苦不懈的统战努力，在少数民族地区尽最大力量帮助人民群众解决困难，纠正历史上大汉族主义的错误思想，帮助少数民族人民重新认识汉族人民，并认识和了解党的民族政策，真正实现少数民族地区人民与汉族人民的和平共处，为抗日战争营造一个和平共处的国内环境，为抗日民族统一战线的形成奠定基础。

三是推动陕甘宁边区革命根据地建设的现实需要。众所周知，1935 年，中共中央落脚陕北之后，为了稳固陕北革命根据地，我党不断扩大党的群众基础，开始主动谋求发展壮大的有效路径。严格地说，我党从建党之日起，就将少数民族作为自己的团结对象，在党的历史上涌现出一大批为民族宗教统战事业作出

---

① 雷云峰编著：《陕甘宁边区史（抗战时期）》（上），西安地图出版社 1993 年版，第 94 页。

② 解放日报社：《延安市回民座谈会：抗议国民党压迫同胞，只有依靠共产党才能获得解放》，《解放日报》1943 年 8 月 15 日第 1 版。

杰出贡献的优秀统战干部。比如，党的优秀统战干部宣侠父，被国民党暗杀时年仅 39 岁，但他在活着的时候为党和人民创造的价值却是不可比拟的。他在国共第一次合作时期，跟随国民军第二师刘郁芬部到达兰州，在负责处理藏民的拉卜楞事件［注：拉卜楞是藏族的简称，拉卜楞事件是指发生于甘南藏区的血腥镇压案件。1918 年 10 月，甘边宁海镇守使马麒借口拉卜楞寺院上层的权力纠纷，以“调处”之名，从中挑拨并武力血腥镇压当地藏民，并且于 1924 年再次屠杀藏族同胞，这一事件影响十分恶劣，激起了拉卜楞所属各部落与寺院僧众对军阀统治的强烈不满和反抗。］中有非常出色的表现。他始终坚持党的民族宗教政策，主动改善与藏族人民的关系，积极启发藏民的阶级觉悟，利用一切合理合法的方式推动藏区政治、经济、文化发展。此外，他还每周定期给藏民代表团进行政治教育、教授汉文、宣传党的进步思想，灌输民族团结、一致对外的道理，建立了藏民文化促进会，得到了藏族同胞的尊敬与爱戴。还有，党在长征途中也十分注重紧密团结沿途的少数民族地区人民群众，主动了解人民疾苦，带领少数民族人民对封建军阀等恶势力进行坚决的抗争。比如，“红军三过单家集”的故事流传至今，首次到达单家集，红二十五军军长程子华与回族人民友好相处，临别赠送“回汉兄弟亲如一家”的锦旗；再到单家集，中国共产党的伟大领袖毛泽东与当地阿訇马得海促膝长谈留佳话；三到单家集，中国共产党人帮助回民建立了回民自治政府，等等。这些历史都充分证明了少数民族人民一直是我们党的重要朋友，在党的发展进程中均发挥了重要的推动作用。

陕甘宁边区是中国典型的少数民族聚居区，主要有回族、藏族、蒙古族等。为了团结广大少数民族，扩大抗日民族统一战线的范围，我党始终坚持民族团结的基本原则，实事求是地分析各少数民族的具体情况，帮助他们处理地区纠纷等其他事务，带领少数民族人民进行反帝反封建的坚决斗争，赢得了少数地区人民群众的支持与配合。

具体来说，我党主要是建立少数民族工作机构、制定民族政策、主动改善党与各民族之间的关系、尊重和团结宗教界人士等方面进行统战工作的。

主动建立少数民族工作机构。1936 年 7 月，中共中央成立了少数民族工作委员会和蒙古工作委员会，王稼祥和高岗分别任书记。中共中央在给内蒙古工作的指示信中指出，不仅要团结蒙古族的平民百姓，也要将蒙古族上层人士作为统战的重要对象，吸引他们加入斗争中。为了更好地了解民情，我党还专门成立了民族问题研究室。在那个文献资料严重缺乏的年代，研究室的人员都深入到民族地区进行了实事求是地调查与采访，积累了丰富、真实、厚重的第一手民族研究的材料，通过调研后系统研究各少数民族的具体问题，相应地提出行之有效的统战工作建议和方法策略。这个研究室也成了我党在延安时期进行民族统战工作的重要情报来源地。

正确制定党的民族政策。1937 年 8 月，中共中央在《抗日救国十大纲领》中明确提出了要将动员少数民族参与抗战作为党的重要工作之一。1938 年 9 月，毛泽东在中共六届六中全会上发表了题为《论新阶段》的主旨报告，他在报告中提出："允许蒙、回、藏、苗、瑶、夷、番各民族与汉族有平等权利，在共同对日原则之下，有自己管理自己事务之权，同时与汉族联合建立统一的国家。"① 在这一建议下，我党开始积极制定党的民族政策，1940 年 4 月和 7 月，中共中央通过了《关于回回民族问题的提纲》和《关于抗战中蒙古民族问题的提纲》，这两份《提纲》明确指出，在我党内，必须在民族平等的政策基础上进行团结统战，要尊重少数民族的文化习俗与宗教信仰，主动团结少数民族人民，改善人民生活，缓和民族关系，拉近民族距离等具体政策。这两份《提纲》是我党在延安时期开展民族宗教工作的重要指导性文件，为我党开展有效的统战工作提供了基本遵循。

---

① 中共中央统战部：《民族问题文献汇编（1921.7—1949.9）》，中共中央党校出版社 1991 年版，第 595 页。

在团结少数民族人民群众的过程中，我党经过实际调查发现，少数民族群众的思想水平普遍较低，科学文化水平不高，要想对这一群体进行有效的统战，就必须先改善少数民族的教育环境，提升科学文化素质。为此，我党于1937年在中央党校专门开设了少数民族班，还在当时的陕北公学成立了蒙古族青少年队、少数民族工作队和民族部等学生团体和组织，为促进少数民族青少年的身心健康，增进两族青年感情起到了积极作用。1941年9月，中共中央在延安创办了少数民族学院，这成为我党培养少数民族骨干的专门机构，也是我们第一次招收蒙古族、回族、苗族、彝族、满族、汉族等各族青年。他们毕业后，按照党的计划和安排，纷纷奔赴民族地区或抗日前线，成了我党不可多得的优秀人才。

制定了正确的宗教政策。中国共产党一直实行宗教信仰自由政策，坚决尊重各少数民族的民族信仰。在国民大革命时期，我党就在多个会议决议案中提出对宗教问题要持谨慎态度，并一直告诫全党党员同志们不可故意制造与宗教信徒发生冲突的机会。在土地革命时期，我党提出了会保证工农信仰自由的主张。1935年，中共中央到达陕北之后，面对西北地区复杂的多民族聚居的现实情况，我党进一步明确了党的宗教信仰自由政策，并主动团结宗教上层人士，向他们宣传党的抗日主张，号召僧侣们加入抗日民族统一战线的阵营，为抗战的胜利增添一分力量。1942年2月15日，《新华日报》趁着文化总动员的宗教日，发表了关于《共产党对宗教的态度》的社论，这篇社论较为完整、系统地阐述了党的宗教信仰自由政策。其中讲道，“共产党人对于共产主义的信仰，是基于唯物主义的认识，基于科学的客观真理”。但这绝不意味着我们会强迫其他人民群众也有与共产党员一样的信仰，“因为这是每一个人的意识和世界观的问题。各人有各人的宗教信仰自由，每个人有举行自己所信奉的这一种或那一种宗教仪式的自由，同时，每个人也有不属于任何宗教团体而保持自己不信宗教的自由。”我们将一贯坚持“宗教信仰自由的正确立场，现在是如此，将来还是如此。”[①]

综上可知，我党一贯坚持正确的民族宗教政策，为团结少数民族、宗教人士作出了艰辛努力。

第一，极大地改善了党与民族宗教群众的关系。这是实行正确的民族宗教政策的必然结果。在中国共产党抗日民族政策的不断宣传与影响下，少数民族人民的阶级觉悟被激发出来，他们认识到了团结抗日的重要性，作为中华民族的一分子，少数民族地区的人民也应该动起来，加入抗日救国的浪潮中去。此外，在统战干部精准、细致、深入的努力下，各少数民族还学习了斗争的方式和技巧，“如东北地区的满、朝鲜、蒙古等少数民族人民自动组织起救国军、义勇军、自卫军、抗日会、红枪会等抗日组织，采取了各种形式打击敌人”[②]。有的少数民族青壮年劳动力毫不犹豫地加入了工农红军的队伍中去，有的寺庙僧侣们也在以自己的方式在敌后方为抗日战争出谋献力，在全国形成了上下联动，全民族团结的抗战氛围和积极向上、不畏艰险的战斗局面。

第二，为民族区域自治制度的形成奠定了基础。这主要是指 1936 年 6 月 27 日，豫旺县城下马关解放后，在区、乡苏维埃政府基础上，红军部队协助当地回族人民建立了以回族为主体的“中华苏维埃豫旺县回民自治政府”（后改名为“陕甘宁省豫海县回民自治政府”）。这是我党在少数民族区域对民族自治问题进行的第一次实践探索，由于坚持了正确的思想指导和方向引领，这一自治政府的成立赢得了广大回族人民的认可与赞扬。并且在 10 月 20 日—23 日召开的豫海县回民自治代表大会通过各种《条例》，不仅极大地减轻了少数民族人民的经济负担，而且增加了少数民族人民的政治权利，给豫海县的回族人民带来了福音，促进了党的各项事业的有力发展。正是这一自治政府的

① 肖周录、朱子良、汪艳编：《民主革命时期党的人权理论与实践资料汇编》，西北工业大学出版社 1992 年版，第 127 页。

② 靳燕凌、冯政清：《延安时期党的民族宗教政策形成的历史背景及意义》，《新疆大学学报》（哲学·人文社会科学版）2013 年第 4 期，第 76 页。

建立为新中国成立之后我党实行民族区域自治制度提供了宝贵的历史经验。

四、国际统战开新局　合作共生谋大同

中国共产党的成立给中国革命带来了希望，给中国人民带来了希望，也给世界上被剥削被压迫的一切民族带来了希望。在新民主主义革命的全部过程中，我党不仅建立了国内的统一战线，还构建了广泛的国际统一战线，以求从国内国际两个方面给中国革命提供了丰富的物资支持、进行正确的思想指引和营造积极的国际舆论。以毛泽东为核心的第一代中央领导集体在长期的国际统一战线工作中，将马克思主义立场、观点和方法运用到延安时期国际统一战线的理论与实际工作中，提出了一系列新的思想和方针政策，形成了具有中国特色的反法西斯统一战线思想，不断开辟了马克思主义统一战线新篇章。延安时期的统一战线思想不仅为中国反法西斯的正义战争提供了国际支持，还为我国新时代的国际统一战线提供了理论支撑和经验指导，更重要的是它为世界各国的无产阶级运动提供了中国智慧和中国方案，大大提升了中国的国际影响力和号召力。

中国共产党的百年奋斗史也是一部卓越的国际统战史。翻阅历史可以看到，建党初期，我党提出要建立反对英、法等国的国际联盟，并于1922年正式加入了共产国际，成了其中的一个支部，受到了共产国际的指导与帮助；抗日战争时期，我们又依据国际形势及时提出了反对德、意、日等法西斯国际联盟；20世纪60年代，我党建立起了反对美、苏的霸权主义和强权政治国际联盟。这些历史充分证明了我党自成立以来就十分重视国际方面的统一战线工作，尤其是党在延安时期进行的国际统一战线理论研究和实践在我党的历史上画下了浓墨重彩的一笔。中国共产党为什么在延安时期建立了最广泛的国际统一战线，我们可以从理论和实践两个方面进行分析：

第一，马克思列宁主义统一战线思想是延安时期国际统一战线形成发展的重要理论源头。正所谓，理论是行动的先导。马克思、列宁都曾经提出了要在世界范围内建起被压迫民族的国际统一战线。马克思、恩格斯在《共产党宣言》的结语中高声呼喊：“全世界无产者，联合起来！”这句极具感染力和号召力的宣传口号可以最直观和鲜明地反映出马克思主义的统一战线思想。而列宁同样也认为，社会主义革命和反对帝国主义的斗争都属于被压迫民族奋起反抗争取自由的斗争，都有一个共同的目的，即争取独立，获得解放。既然如此，无产阶级便可以与世界各个被压迫民族、殖民地人民联起手来，建立更加广泛的国际统一战线，以加速取得解放斗争的胜利。因此，以毛泽东为核心的中国共产党人始终在各个历史时期坚持将统一战线的范围扩展至全世界，建立世界无产者的稳固联盟，为实现无产阶级的自由和全面发展而奋斗。

第二，争取国际社会对华援助、进行抗战的现实需要。在多年的抗战实践中，毛泽东等人早已经清楚地认识到中日两国之间的现实差距，我国无论是经济实力还是军事武器装备均较之于日本帝国主义薄弱无力，因此，为了加紧进行反对日本帝国主义的正义战争，我国必须争取国际支持和援助。毛泽东在1935年瓦窑堡会议之后作的《论反对日本帝国主义的策略》的报告中提到了关于国际援助的原因，他认为，“中华民族有同自己的敌人血战到底的气概，有在自力更生的基础上光复旧物的决心，有自立于世界民族之林的能力”，但这并不意味着我们可以不需要国际方面的支持与援助，相反，“国际援助对于现代一切国家一切民族的革命斗争都是必要的”[①]。因为我党带领人民进行的革命是反对日本帝国主义的正义之战，它不是孤立的，属于世界反法西斯斗争中的一个部分，抗日战争的成败直接影响着世界反法西斯斗争的士气，所以说，为了战胜共同的敌人，我们同属一条战线，相互联系，密不可分。因此，我党在1934年4月20日发表的《中国人民对日作战的基本纲领》中明确提出：“联合日本帝国主义

①《毛泽东选集》第1卷，人民出版社1991年版，第161页。

的一切敌人，并将一切对中国人民武装抗日作战表同情、援助或守善意的中立的国家和民族视为我们的朋友”[①]，将国内抗日民族统一战线与国际反法西斯统一战线相结合，为了抗日战争的最终胜利不断前进。

为真正建立起世界范围内的反法西斯统一战线，毛泽东、周恩来等中国共产党领导人进行了不懈的探索。

1925年，毛泽东在《中国社会各阶级的分析》一文中已经产生了国际统战的思想萌芽，他分析到，当时的世界只剩下革命与反革命两大势力做最后斗争的局面，“这两大势力树起了两面大旗：一面是红色的革命的大旗，第三国际高举着，号召全世界一切被压迫阶级集合于其旗帜之下；一面是白色的反革命的大旗，国际联盟高举着，号召全世界一切反革命分子集合于其旗帜之下。那些中间阶级，必定很快地分化，或者向左跑入革命派，或者向右跑入反革命派，没有他们‘独立’的余地。”[②]因此，他认为对于任一国家和民族来说，各自早已有相对应的派别。对中国来说，必然是选择加入红色大旗的麾下，与第三国际领导下的革命势力一道为反抗另一派别的反革命势力，这是历史发展的必然趋势，也是中国革命的必然选择。

抗日战争全面爆发之后，毛泽东敏锐地观察到当今世界法西斯势力与反法西斯势力之间的矛盾已经到了十分尖锐的时刻，各个受压迫民族和国家可以联起手来，共同对抗法西斯国家的侵略。于是，在1935年发布的《八一宣言》中，我党提出，必须联合一切反对日本帝国主义的民族和国家。1936年7月，毛泽东和美国著名记者斯诺交谈时，也说道，“东方的和平与战争是一个世界性的问题。”在当前，日本帝国主义就是全世界爱好和平的人民的共同敌人，所以我们“要同各国、各国人民、各党派和各群众组织团结起来，组成反对日本帝国主义的统一战线”[③]。之后，

① 中央档案馆：《中共中央文件选集》第10册，中共中央党校出版社1991年版，第685页。

②《毛泽东选集》第1卷，人民出版社1991年版，第4页。

③ 中共中央党史研究室第一研究部编：《抗日战争新论》，中共党史出版社2016年版，第12页。

为了将这一正确的统战思想宣传至全党全民族，党作出了巨大努力。周恩来作为我党十分卓越的统战大师，在重庆工作期间对国际友人进行了积极的互动。他广泛接触各国党政人士，向他们宣传党的抗日主张，争取他们的同情，以加入抗日战争的国际统一战线中来。这一观点在1937年3月同史沫特莱谈话中再次被提及。

中国共产党的这一思想也得到了共产国际的高度认同，在1935年7月25日至8月20日召开的共产国际“七大”会议上，共产国际号召各国共产党像中国共产党一样，为建立反法西斯统一战线奋斗。1941年10月，中共中央在延安召开了“东方各民族反法西斯代表大会”，并通过了《东方各民族反法西斯代表宣言》。此外，中共中央还针对大会召开之后不久爆发的太平洋战争发出了《中国共产党为太平洋战争的宣言》，这份宣言将党的国际统一战线思想告诉了全世界，提出中华民族愿与一切反法西斯国家和民族建立统一战线。在国际反法西斯斗争日益严峻的情况下，中国共产党的号召得到了众多国家和民族的回应。1942年1月1日，美、英、中等26个国家在华盛顿签署了《联合国家宣言》，至此建立了最广泛的国际统一战线，为中国抗日民族战争团结了世界上最大多数的人民，有力地推动了抗战的胜利实现。

抗战胜利前夕，雅尔塔会议讨论决定建立一个普遍性的国际组织以维护世界和平与安全并决定于1945年4月25日在旧金山签署《联合国宪章》。经过共产党的努力争取，董必武作为我国解放区的唯一代表参加了这次会议。他积极利用这一平台向世界各国宣传中国共产党关于建立联合政府的主张，还介绍了我党在战后的经济、社会发展计划与方向，引起了国际上的广泛赞成。

可以说，国际统一战线是延安时期我党基于现实国情，在国际领域进行的世界各民族的统一战线，并为这条战线的形成、巩固和发展作出了不懈努力。

延安时期，毛泽东等中国共产党人深刻洞察世界发展形势，精准研判世界局势，将国内抗日民族统一战线的方法经验、基本原则等灵活运用到反法西斯的国际统一战线中去，形成了具有中国特色的国际统一战线思想。其主要内容有：

第一，坚持爱国主义基础上的国际主义。爱国主义是民族生存意识的具体体现，国际主义是无产阶级崇高品德的重要体现，二者是紧密联系的有机整体。1938 年 10 月 14 日，毛泽东在中共六届六中全会上作的《论新阶段》的政治报告中谈到了“爱国主义和国际主义”的关系问题。他认为，爱国主义和国际主义并不矛盾。对于我们国家来说，日本帝国主义的侵略战争不仅损害了中国人民的利益，而且损害了全世界人民的利益，“中国共产党人必须将爱国主义和国际主义结合起来”，“只有民族得到解放，才有使无产阶级和劳动人民得到解放的可能”[①]。我们保家卫国不只帮了自己，也帮了世界各国求解放的人民。1937 年 10 月，毛泽东在会见英国记者贝特兰时讲道：“中国的抗战不但为了自救，且在全世界反法西斯阵线中尽了它的伟大责任。”[②]由此可见，中国的抗战实现了爱国主义与国际主义的有机统一。

第二，坚持原则性与灵活性相结合。在开展国际统一战线工作时，我党坚持统战原则的坚定性与策略的灵活性相统一。原则的坚定性是指谁都不可以拿国家的核心利益做交易，我们始终维护国家和民族的核心利益，这是统一战线工作的政治底线。但是在具体的工作实践中，毛泽东曾讲到，我们要灵活地建立统一战线，时刻根据变化的国际形势采取灵活机动的统战策略。比如，1939 年 9 月 28 日，毛泽东在《苏联利益和人类利益的一致》一文中实事求是地分析了苏联的利益与人类利益的关系，他指出，判断中国的盟友，具体地说，就是要看这一国家所作所为是否与中华民族的解放战争相一致。只要是对我国民族解放有利的，我们都可以将其作为统战的对象。毛泽东还谈到《苏德互不侵犯条约》签订后的形势，这一《条约》“大大地打击了日本，援助了中国，加强了中国抗战派的地位，打击了投降派”[③]。苏联一直

①《毛泽东选集》第 2 卷，人民出版社 1991 年版，第 521 页。

②《毛泽东选集》第 2 卷，人民出版社 1991 年版，第 375 页。

③《毛泽东选集》第 2 卷，人民出版社 1991 年版，第 599 页。

都是我们的盟友，可是苏德战争爆发后法国投降，欧洲局势发生巨变，针对这一国际形势，毛泽东立即根据变化了的实际，灵活制定行动方针，及时重建了国际反法西斯统一战线。

第三，坚持独立自主，自力更生。国际统一战线和抗日民族统一战线组成了抗战时期的重要联合体。我们必须承认通过国际统一战线的扩展，中国民族的抗日战争接受了许多来自国际方面的人力、物力和财力的支持和援助，但是我们必须时刻保持头脑清晰，对于外援，“我们非常需要，而且越多越好，但是即使没有任何外援，我们也能对付得很好。”[①]国际统一战线只是我们抗战的辅助，切不可完全依赖这条战线，失去统一战线的领导权、主动权。这是中国共产党在之前的革命斗争中总结的深刻教训，也要将其运用在国际统战工作中。毛泽东在中共六届六中全会的报告中指出，无论形势如何变化，我们都要明白自力更生的重要意义。

总之，国际统一战线也是抗日民族统一战线的重要组成部分，是我党从抗日战争的实践中得出的创新性理论成果。实践证明，这条战线在延安时期也取得了巨大成功，极大地牵制了日本帝国主义的反动力量，不但为中国人民的抗战胜利提供了重要的力量支持和物质保障，而且加速了世界反法西斯战争的最终胜利。这条战线的开辟，丰富和拓展了我党的统一战线理论和实践，为新时代党的海外统战工作与实践提供了丰富借鉴和有益启示。

①《毛泽东文集》第1卷，人民出版社1996年版，第404页。

后记

张琳

本书是研究团队分工协作、集体智慧的结晶。导论由张琳（法学博士、教授）编写，第一章由朱雪平（法学博士、副教授）编写，第二章由张瑛（在读博士）编写，第三章由张琳编写，第四章由王东红（法学博士、副教授）编写，第五章由张瑛编写。

在编写过程中，我们参阅和吸纳了学术界许多研究成果，谨此说明并致谢忱。同时还得到了陕西师范大学马克思主义学院、陕西人民出版社相关领导的大力支持，陕西人民出版社的编辑从本书的策划到送审、出版都付出了巨大辛劳，谨向他们致以诚挚的感谢。需要特别指出的，本书的编写只是一个尝试，虽然各位编撰者在有限的时间内尽力而为，但从内容到形式难免有许多疏漏和不妥之处，诚望学术界同仁和读者批评指正。

2024 年 10 月于陕西师范大学